自店のファンを10倍ふやす「ニュースレター」の書き方・送り方

Newsletters

山田文美 著

セルバ出版

はじめに

先日、電車で、向かいの女性二人連れの会話に釘づけになりました。

「手紙はさ～ゴミ箱の上で開封しない？」

「あ～　するする！　どうでもいいのは開けないで捨てる」

「そうよね。だいたいいらない物しか送ってこないよね」

「そうそう。何か欲しいときは自分で調べるし。クーポンとかも結局使わないし邪魔よね」

「でもさ、私コレだけはいっつも読むの」

（鞄からなにやら取り出す）

「え～？　何これ？　変わってる！（その後、しばらく無言）…これってお店が送ってくれるの？いいな～！　私も、こんな手紙なら欲しい。これ書いている人に会ってみたい。こっちの商品も見てみたいし、これも気になるし。このお店、今度連れて行って！」

「いいよ～一緒に行こう」

女性が鞄から取り出したのは、明らかにダイレクトメールでした。

渡された友達は、最初仕方なく読み始めた感じでしたが、そのうちニヤニヤしはじめ、へ～って表情をしたり、ふーんって感心したつぶやきを洩らしたりしながら、読み切ってしまいました。

友達から返されたものをキチンと封筒に戻して鞄にしまう仕草からも、大切にされているダイレクトメールなのだと伝わってきました。

店舗からのダイレクトメールには二種類あります。開封もされずにゴミ箱直行扱いのものと、届くのを心待ちにしてもらえ隅々まで読んだら保管されるものです。

あなたのダイレクトメールは、どちらでしょうか？

ダイレクトメールは、名前のとおり、お客様の住所に直接届く手紙です。手紙は、私信と売込みがほとんどです。ところが、その中間もあるのです。

先の電車で鞄から取り出され、友達に自慢され、再び鞄に大切にしまわれるようなダイレクトメールは「ニュースレター」と呼ばれます。

カタカナなので意味がわかりにくいですが、要約すると「出来事の手紙」となります。

1つの店舗が、多くの顧客に同じ手紙を送りますが、受け取った側は、自分に宛ててくれた私信のように愛着を感じ、届くのを心待ちにして読み進むうちに商品への動機づけまでされるのに、売り込まれたと感じないのです。

一般的なダイレクトメールは、商品と価格と割引価格が列挙されている売込み情報です。私信は、その人の人となりが伝わってくる、日常の出来事が報告されます。この両方を組み合わせて、店舗の店主や従業員の人となりを伝える日常の出来事と、商品サービスの価格以外の詳しい情報までを一緒に届けると「ニュースレター」となります。

お客様にとって、店舗からの売込みが来たとは思われず、届いたら店舗に行ってみたくなってしまうダイレクトメールです。

一度来店してくれた顧客にあてたダイレクトメールを、「この店が好き」と感じてもらえ「また行きたい」「この商品見てみたい」と売上につながる内容にしてみませんか。

本書では、そのための書き方・送り方を詳しく伝えていきます。ご自分に置き換えて取り組みやすいようにと、実例を多く紹介していきたいと思います。

私は、地域客を顧客とする店舗のコンサルティングもしていますが、自分で眼鏡宝石店も経営しています。私の店で上手くいったニュースレターの手法を、全国の50業種以上の店舗で試してもらい、お客様に喜ばれ売上につながった実例をお見せします。

ニュースレターと似ている紙の販促物にチラシがあります。

チラシは新規客向けのツールで広範囲に無作為にまくもの、ニュースレターは住所氏名がわかっているお客様の所に届けるもの、という違いがあります。

チラシは「新規客」を見つけるのに役立ち、ニュースレターはお客様をリスト化して「追客」し固定客となってもらうのに役立ちます。

お客様は集めたら追いかけるものです。放置してはいけませんよ。

チラシとニュースレターの違いは、例えるなら海釣りです。広大な海で魚を釣るための餌と仕掛けがチラシです。釣った魚を再び大海原にリリースしてしまっては二度と出会えないため餌が無駄になります。そうならないように、囲ったイケスに放していつでももう一度すくえるようにしたいですよね。この仕組みがニュースレターです。

一度つながってくれたお客様を放さず、一生つながったまま、店舗を好きになってもらい、商品を欲しくなってもらうためのダイレクトメールがニュースレターです。

さぁ、そのための手法を詳しく紹介していきましょう。

平成29年10月

山田　文美

自店のファンを10倍ふやす「ニュースレター」の書き方・送り方　目次

第2章　お客様が喜んで読みたくなる「ニュースレター」の秘訣

第3章　初めてでも反応がとれる「ニュースレター」はひな型づくりから

第4章 すいすい読める紙面になる「ニュースレター」書き方ポイント

第7章　「ニュースレター」作成&送り方　Q&A

第1章　手詰まり感を吹き飛ばしてくれる「ニュースレター」を始めよう

1　新規客は有料。だからリピート購入で儲けに変わる

私たちは買い物をしますが、買ったものをすぐにゴミ箱に捨てる人はいません。まさか、そんな可笑しな行動をする人はいないとお思いでしょうか。

ところが、全国の店でコレと同じことが起こっています。せっかく新規客が来たのに、住所と氏名を聞かずに帰してしまうのは、買ったものをすぐにゴミ箱に捨てるのと同じことなのです。

新規客集めに広告費を10万円使って10人来れば、1人あたり1万円の経費を使って集められたことになります。1人しか来なかったら、10万円で1人を集められたわけです。

このように、新規客1人ひとりには値段がついています。新規客は有料で、店にとって新規客は「買うもの」なのです。

お客様を1人1万円で集客できたらなら、1人を1万円で買ったことになります。

そう考えると、お客様が1万円の商品を買ってくれたとしても、仕入が7000円なら、3000円しか儲けはありません。このお客様からは、あと7000円分の儲けをいただかないと、赤字のままです。このラインを超えて初めて黒字になります。

つまり、1万円でお客様を買ったということは、1人あたりの売上が1万円までは「経費回収」でしかありません。売上ではなく、荒利で1万円使ってもらわなければ意味がないのです。

それ以下なら赤字で、そこを超えるとはじめて利益になります。だから、集客しているのなら、少なくともその金額になるまではお客様をつなぎとめて、買い物をし続けてもらわなくてはなりません。そのために、住所と氏名を集めて追いかける。これが「追客」であり、そのツールがニュースレターです。

業種によって様々な効果があります。理容室や美容室、飲食店など、お客様に座ってもらうだけで売上になる店は、ニュースレターを出せば一番早く効果につながります。このような業種は、定期的に店を利用する必要があるので、お客様が店を思い出すだけで来店してもらえるからです。

洋服店や宝石店のように、お客様の「今日は下見です」と言う言葉が当たり前の業種もあります。私はこれらを下見業種と呼んでいます。このような店でニュースレターを出すと、店員とお客様の間に人間関係ができるので、相談してもらいやすくなり、店頭での雑談が盛り上がるようになります。そこから商品への糸口はたくさんあるので、購入につながりやすくなります。ニュースレターで来店の口実をつくるだけでも、来店頻度が上がって、売上につながります。

お客様が一生に数回しか買わないもの、例えば家や冠婚葬祭や車を販売する業種は、クチコミが大事といわれます。このような業種がニュースレターを出すと、「この店はいいよ」というクチコミのツールとして使われるようになります。ニュースレターが良い意味でひとり歩きして、他のお客様を紹介してもらいやすくなるのです。

中には、人間関係よりも法令順守する、銀行や役所といった業種ではニュースレターを出しても良い効果が得られませんが、多くの業種ではニュースレターを発行し続けることで何らかの効果が得られます。

2 労働は3つあるけれど、お客様が店に求めるのはたった1つ

労働には、肉体労働、頭脳労働、そして感情労働があります。

肉体労働は、身体を使う仕事。頭脳労働は、アイデアを生み出すなど頭を使う仕事。感情労働というのは、接客のことをいいます。

接客業の人は、朝の出勤前に家族とケンカをして気分が悪くとも、実家の親が危篤でも、怒るわけにも落ち込むわけにもいきません。お客様の前では、お客様の気分を優先しなければなりません。だから「お客様の感情を優先する労働」といってもいいでしょう。決して、店側や働く側の都合で仕事はできないということです。

昔は、エレベーターガールのように感情労働専門職というのがあり、3つの労働は明確に分かれていました。ところが、現在ではお客様が変化しているので、肉体労働をしている人にも、頭脳労働をしている人にも、感情労働が求められています。

例えば、お客様がスーパーに行って、欲しい商品が見つからなかった場合。店内で品出ししている店員を見つけて「この商品が欲しいんだけど、どこにありますか？」と聞きました。

もし、その店員が「わかりません。あの棚になかったですか？　それならば、ないのかもしれません」と答えたら、お客様はどう思うでしょうか？　この場合、店員は「品出し」という肉体労働をしていて、事実を事実のまま言っただけですから働き手としては間違っていません。昔はこんなぶっきらぼうな店員がいても、お客様は「もうこの店には二度と来ないわ」とは思いませんでした。

それは、お客様がモノを求めていたからです。

でも、今はそういう時代ではありません。

お客様は「その商品があるのなら、ある場所を親切丁寧に教えてほしい」「もし、その商品がないのなら、謝ってほしい。どこに行けば買えるのかを教えてほしい」と期待して声をかけます。本来ならば、それはコンシェルジュのような感情労働の仕事ですが、現在のお客様は、同じ店で仕事をしている店員にはすべてコンシェルジュのような対応を求めます。感情をとても大切に思っているお客様が多いのです。お客様は店にモノだけを求めて来ているのではないとわかります。

「お客様の感情を優先する」つまり、お客様の気分を害さないためには、お客様と仲良くなるのが一番です。

一番簡単な方法は、すべてのお客様と飲み会をすることです。でも、体力的にも経済的にも、実現は難しいでしょう。それならば、あなたの分身をつくりましょう。

ニュースレターはあなたの分身です。あなた自身は店で仕事をしているかもしれないし、ご飯を食べているかもしれないし、寝ているかもしれない。どんなときでも、お客様が自分の都合のいい時間にニュースレターを読んでくれれば、あなたが書いたニュースレターがあなたの分身として仕事をして、お客様と仲良くなってくれます。

５００通のニュースレターを出すなら、５００人の分身がいるということです。あなたの日常や店頭で起こった出来事と、そのときの感情を書いた手紙をお客様に送ると、飲み会で聞くのと同じように興味をもって読んでもらえます。

お客様は物よりも感情に対して反応が鋭くなっています。

3 お客様と仲良くなるためのニュースレターを出し続ける2つのコツ

お客様に好かれるニュースレターをつくるには2つのコツがあります。

① ひな型をつくること（第3章参照）
② 自分をいつも新鮮な状態に保っておくと、書くことに困らない

特に②が重要です。ニュースレターを一回だけ書くなら誰でもできます。ですが、出し続けるからこそお客様に好かれ、商品サービスの教育も続き、いざというときに「この店で買いたい」と言ってもらえるのです。

そのためには、ニュースレターに書き続けられるだけの話題が必要になります。

ただじっと店舗にいるだけでは、話題はすぐに尽きてしまいます。だから、休みの日にはどこか

新しい場所へ遊びに行く、新しい映画を観る、流行りの場所に行くなど、いろいろな体験をして、ニュースレターのネタを貯めておきましょう。実は、これは商売には必要なことです。

お客様はいつも新しいことを求めています。新しい店ができればその店に行くし、話題のスポットがあればそこへ足を運びます。お客様は常に新しい情報を仕入れて、体験をしていますから、店側も手を抜いてはいけません。よく遊ぶ人は、よく成長します。人は体験でつくられ、体験が人をつくると言われます。

自分に刺激を入れて、自分を変化させることを忘れないようにしましょう。

お客様は店にモノだけを求めていませんから、対応してくれる人となりを重要視します。

従来もダイレクトメールを出していたけれど反応がなかったというなら、その内容は商品と価格ばかりで、店主や従業員の人としての思いなどの内面を伝えていなかったかもしれませんね。物は何処でも簡単に買える時代になりました。

購入場所と購入方法が選べるからこそ、何処で買うか誰から買うのかが、お客様にとって考えるべき購入要素の1つになったのです。

4　どこでも何でも買える「焦らない客」に買い物してもらうには

買物の方法が大きく変化しています。家にいても、移動中でも、いつでもどこでもスマートフォンで買い物ができます。こんな時代には、お客様は「今買わなくては！」と焦ったりしません。だから、限定品の効果もなくなりました。

「今だけの限定なんですよ」と言っても、お客様から「次の限定品も出るでしょう?」と言われてしまいます。そういうお客様にも「今買ってもらう」ために、店側はどうするのかというと、お客様を教育して欲しくさせるしかありません。

ある表具店では、年末に注文が集中するという業界の常識を、ニュースレターで覆しました。「年末だから障子を張り替える」としか思っていないお客様に「お盆は来客が多いから障子を張り替えよう」「春の卒業シーズンで子どもが巣立った後は、子ども部屋をリフォームしよう」「夏が終わると、障子が弱くなるから張り替えよう」とニュースレターでお客様を教育し、新しい需要を掘り起こしました。

モノが豊かになったこの時代では、買い替え需要はあっても、お客様が新しいモノを手に入れたいということはほとんどありません。お客様が「必要だ」と思ったものでも、実はすでに持っているものなのです。

冷蔵庫が壊れれば買い替えますが、冷蔵庫に憧れて「欲しい」と思っている人はあまりいないでしょう。壊れていなければ、お客様は焦って「今買わなければ」とは思いません。でも、それを「今買わなければ」と思ってもらうには、プロとしての知識をお客様に教えるのです。

ある電気店では、値段訴求以外で冷蔵庫を欲しくなってもらうニュースレターを書きました。

【図表１　花月堂障子張替案内】

お肌の大敵 紫外線！

花月堂アイテム紹介

－ＵＶ身代わり商品？－

紫外線のきつい季節になってきました。

年々紫外線も強くなっている気がします。
車を運転してるとガラス越しでも腕が
ジリジリしてきます。

そんな強烈な紫外線に毎日さらされているのが
障子やカーテンです。
私たちの代わりに紫外線を受け止めてくれて
いる従順な奴らです。

何年もほおっておくと
黄ばんでボロボロになったり、裂けたりしてしまいます。

そうなると、身代わり効果も薄れてきます。
たまには張替えてあげてくださいね。

レースのカーテンは
排気ガスなどで汚れた状態で紫外線に当たると
化学変化で痛みが早くなります。

1年に１度は洗濯するのがお勧めです。
もし手遅れで裂けてしまったら
UVカット率が高いレースもありますので
相談ください。

また紫外線でボソボソになってしまった縁側の床には
簡単に既設床の上から貼れる床材もあります。
相談ください。

少しでも気になったら
花月堂にお電話下さい。

「夏は冷蔵庫の開け閉めが増えますよね。実は、冷蔵庫の開け閉めが増えると、電気代がとても高額になるんです！　あなたの家の冷蔵庫は何年前のものですか？　10年前のものなら、電気代が何倍も高くつきます。今、新しい冷蔵庫に買い替えれば、電気代が安くなります！　氷専用の扉があるので、庫内全体の冷気は逃げません！　夏休みに子どもたちが何度も扉を開け閉めしても大丈夫です」

こうして、今使っている冷蔵庫はまだ壊れていないけれど新しいのが欲しいという冷蔵庫買い替え需要をつくり出しました。この程度の知識は、商品を売っている店側からすれば当たり前のことです。

でも実は、プロしか知り得ません。自分にとっての当たり前を詳しくニュースレターに書いただけでお客様は欲しいと思ってくれるのです。

せっかくプロとしての知識があるのに、お客様から聞かれるまで話さないというのは、もったいないことです。目の前にいないお客様が何を聞きたいのかはわからないかもしれませんが、とにかく店側が知っていることを書いて伝えてみること。

伝えてみると、「あら、ひょっとしたらウチもそうかもしれない」と気がつくお客様がいます。人がその商品を欲しくなるのは、頭の中がその商品のことでいっぱいになるからです。

「恋」と同じですね。人は恋をすると、相手のことがちょっと気になり出します。気になる相手のことを見ると、また考えるようになる。すると、その人のことをもっと知りたくなる。それが何

【図表２　冷蔵庫自分にとっての当たり前】

「0℃よりも－3℃」で、包丁とぐより料理上手

こんにちは　ワールド21オガワ店の菅野です。
最近冷蔵庫のCMではさかんに7daysパーシャルというのを西島秀俊さんがやっていますが、パーシャルっていったい何なの?って思いませんでした?　チルドは聞いたことあるけどチルドとパーシャルの違いは何なんでしょうか?　実は温度の違いなんです。

チルドは0℃。　パーシャルは―3℃。　たった―3℃の違いですがこの差が大きいんです。　水は0℃で凍り始めると言いますが、肉や魚などは0℃では凍ってはいません。　-3℃は肉や魚が凍り始めるぎりぎりの温度なんです。　なぜ凍りかけている状態がいいんでしょうか?

実は完全に凍ってしまうと細胞の中の水分まで凍ってしまって細胞が壊れてしまいますが、凍りかけている状態は細胞の回りが少し凍っているだけで細胞を痛めることはないので、おいしさや栄養が長持ちします。
凍っていないので解凍する必要もありません。
パーシャル室にはすぐ調理はしないけれど、長期保存　1週間以内に使おうと思っている「肉類・魚介類」の保存が適しています。

	チルド	パーシャル	冷凍
温度	0℃	−3℃	−18℃
保存期間	2～3日	7日	31日
解凍	不要	不要	必要
食品の凍結状態	凍る直前	微凍結	カッチカチ

【温度帯のイメージ】

パーシャルとチルドの比較

合い挽きミンチ肉

チルド　7日保存後　　パーシャル　7日保存後

合い挽きミンチ肉の比較です。

チルドは7日間保存すると黒ずんだ色に変色しているが、
パーシャルでは7日間保存しても、変色もなく傷みを抑えて鮮度が保たれている。

イワシ

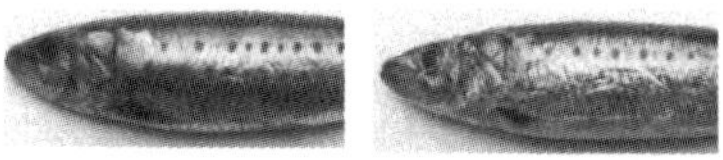

チルド　7日保存後　　パーシャル　7日保存後

イワシの比較です。

チルドでは7日間保存すると目からエラにかけて血がにじんで明らかに鮮度が落ちています。
パーシャルでは酸化と傷みを抑えて鮮度が保たれています。

忙しいから、週に１回の買置きでも鮮度が長持ちしますし、夕食メニューの予定が変わっても安心です。

度も繰り返されて、一日中その人のことを考えるようになります。

この恋と商品が欲しくなる原理は同じで、人は今、自分の頭の中で考えている情報量が多いものを欲しくなります。「ちょっと欲しいな」と思ったものをネットなどで調べると、そのことで頭の中がいっぱいになり、さらに欲しくなるのです。

知らなければ欲しくなかったのに、知ったから欲しくなる。だから、店は商品について語り、お客様に商品のことを知ってもらわなければならないのです。

私はいろいろな店の人たちに「ニュースレターをたくさん出せるようになりましょう」と言います。前述のように、ニュースレターはあなたの分身だからです。

中には「反応がないから、あのお客様には出すのを止めよう」という人もいますが、それはお客様が「ウチもそうかもしれない」と気がつく確率を下げてしまいます。

ニュースレターをたくさん出し続けるには経費がかかるので、きちんと商品を売っていきましょう。そのためには、商品について語らなければならないのです。

5　対面前に勝手に事前セールスできるので、売り込みベタにこそ向いている

売り込みが苦手な人ほど、お客様にニュースレターを送りましょう。もともと接客が好きで、お

客様の話を興味津々で聞ける、感情労働が苦にならない人はいいのですが、そうではない人も多いでしょう。今の時代、「腕はいいのに営業は苦手」というタイプの人は損をしています。

例えば、美容室に行くと、特に女性客は、自分をお姫さまのように親切丁寧に扱ってほしいと思っています。それなのに、「私の仕事は髪を切ることなのに、なぜお客様の話を聞かなければならないのですか？」と言われたら、どんなに素晴らしい技術を持った美容師のいる店でも二度とそこには行きませんよね。

「良いものを売っていればお客様が来るだろう」「ウチの店の料理はおいしいのだから、お客様はもう一度来るだろう」と思っていては片手落ちです。もちろん、技術的に良くなければお客様はリピーターにはなりません。技術力があるのは当たり前のことで、さらに「どんな人が私をどのように迎えてくれるのか」を客は知りたがっています。

肉体労働の代表的なものに、ガテン系と呼ばれる建設関係の現場仕事があります。建築仕事のように専門的になると、技術が上手か下手かは素人のお客様にはわかりません。

壁の塗り方が上手だな、ということは素人にはわからなくても、親切かどうかは素人でもわかります。だから、このような職業で「感じがいい会社」は一般客から仕事の依頼が増えています。

ここでいう「感じがいい」とは、あいさつができる、掃除ができる、身なりもきちんとしている、ニコニコしている、手紙も書ける、コミュニケーションが取れるなどのことです。

そこで、ガテン系の会社がニュースレターを始めると、途端に人気が出ます。お客様は「私は技

【図表３　口下手職人】

とんでいきます
とっても口下手な職人集団です。
お客様との雑談は苦手ですが
黙々と仕事をこなすのは得意です。

術的なことはわからないけれど、とにかくいい人なのよ」と言って、知り合いに紹介してくれるのです。ニュースレターは、クチコミで紹介されるときのツールにもなります。

社長命令で、どんなに「ウチの会社の技術を売ってこい」と言われても、その会社の職人が口下手で営業が苦手ならムリというもの。だから、ニュースレターという紙に書いておくわけです。

例えば、ニュースレターに「口下手な職人集団なのですが、技術力には自信があります。口では上手く言えないので、ここに私たちのことを書いておきます」と書けば、お客様に渡したり、送ったりできますよね。ぶっきらぼうでも「あの…これを読んでください」とお客様に渡してくれれば、立派な営業です。

お客様にとっては、対面での営業と違い、

ニュースレターは押し付けられた感じがありません。渡されたり、送られたりしても、読むか読まないかを決めるのはお客様自身だからです。

人は「自分の影響力」を大事にします。店から勝手に送られてきたニュースレターでも「読まない」ということを自分で選ぶことができれば怒りはわきません。

一方で、「読む」という選択をした人は、とても熱心に読んでくれます。また、お客様がニュースレターを読むと決めた後でも、どこを読むかという選択ができます。読み進めてくれる人はどんどんいろんな記事を読んでくれますし、読まない人でも受け取ってくれればそれでＯＫです。

ニュースレターは分身ですから、受け取ってさえもらえれば対面で顔をあわせたくらいの影響力があります。対面での売り込みが苦手な人にこそ、ニュースレターが向いています。

ぜひ書いてみましょう。

6　店主やスタッフの魅力は、安さと便利さに勝ることがある

人が、「この人は良い人だ」と感じる基準は、その人のことをよく知っていることです。だからニュースレターを出していると、お客様はあなたの店のことをよく知ることになり、「いい店だ」と思ってくれて、やさしくなります。

ニュースレターは店側が勝手に自店のことを書いてお客様へ送っているものですが、お客様の頭

の中を自店のことでいっぱいにすることができるので、お客様は店のファンになってくれるのです。

この「ファンになる」ということが、安さや便利さよりもお客様をひきつけることがあります。

今、地方にある昔ながらのミニスーパーは生き残るのが大変です。便利さではコンビニに勝てませんし、少し車で移動すれば、何でも安価で売っている大手のスーパーがあります。そんな中で、お客様がわざわざ来てくれる店になろうと、あるミニスーパーではニュースレターを始めました。

あるときのニュースレターは梅の話題。

まず「タネあかし」とダジャレを入れ、梅に関する自分の体験談を書きました。そして、有名メーカーの高級梅酒を紹介しながら、この梅酒にまつわる物語を掲載。市販の梅酒には添加物が入ったものもありますが、酒税法によって「本格梅酒」と表示してあるものが本当の梅酒と決められています、という内容でした。もちろん、ここで紹介された高級梅酒は「本格梅酒」です。

この店の店主は勇気を出して、このニュースレターを有名梅酒メーカーの社長に送ってみました。すると、そのメーカーの社長から「感動しました！」と直接電話がきたのです。店主は、「アリが象を動かした！」と喜びました。どんなに小さな店でも、自分の想いを手紙にして人に届けると、きちんと想いは届きます。

また、真夏のニュースレターには、自分の子どもが小さかった頃の夏の思い出を「オールＯＫ？」という見出しで書きました。これは、オールのついていないボートで遊んでいたら、流されてしまったという体験談です。そして「夏といえば、スイカですよね」と、小玉スイカについて商品紹介し

【図表４　あるスーパーのニュースレター梅の話題】

あ〜すっぱー
ひとつまみ
食べてるそば
からふたつまみ。

タネあかし！

梅干しやレモンと聞いてあなたは　どんな反応をされますか？　僕はすっぱいものが大の苦手なので　自分がすっぱいと思っているものを連想させられると　もうそれだけで口の中にはジュワーと唾液が充満してしまいます。

表情はどうかというと　目をギュッとつむってなぜか口もすぼめてしまいますね。当然ながら梅干しもほとんど食べません。

「梅はその日の難のがれ」

朝出かける前に梅干しを食べるとその日は災難をまぬがれる。という意味だそうです。これは昔旅人がその土地特有の熱病や風土病にかからないように梅干しを「薬」として携帯していたからなのだそうです。

さらには「梅干しにカビがはえるとその家に不幸が起こる。」という諺もあります。これは健康に良いとされる梅干しにカビがはえると食べれなくなるので病人が出てきて災が及ぶ」という意味があるそうです。

というように食べた方が良いのでしょうか。

そこへ行くと娘は大の梅干し好きで　おやつ代わりによく食べていました。そしてなぜか種をいっぱい集めていたようです。

娘が梅干し好きなのを知ってる母は　出かけた時はよく梅干しを買ってきてくれてました。そうそうこの種の中にも実が入ってるの知ってますか？　調べてみるとおもしろいことがわかりましたよ。


あなたは　この種の中の実を食べますか？

これは「梅仁（ばいにん）」と呼ばれるそうで　別名「天神様」とも言うそうです。

なぜ「天神様」と呼ばれているかというと　菅原道真公が好んで梅干しを食べていたからなのだそうです。その種を粗末に扱えないということで江戸時代には太宰府天満宮に「梅干の種納め所」が設けられたそうです。今でもあるらしいです。

「仁」とは「種の中の実・核」という意味の中国語。お馴染みの「杏仁豆腐」の「仁」もアンズ（杏子）の種の中身という意味らしいです。「梅仁」の効能は血行を良くしたり　解毒作用があり更年期の冷えむくみなどにも効果が期待できそうみたいです。


そんな梅を使ったお酒「梅酒」のご紹介をさせて下さい。

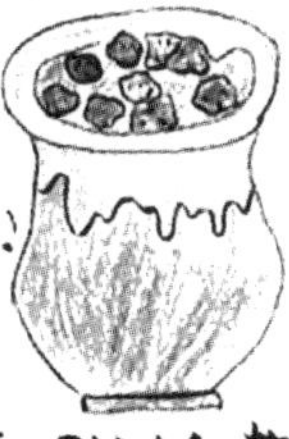

甕に触れた手の数だけ
愛情いっぱいつまってます。

ています。商品紹介は、スイカの原産地が砂漠であること、日本でのスイカの産地など、お客様の興味を引きそうなことを、専門家としておもしろくわかりやすく書きました。結果、予約だけで商品が売れてしまいます。在庫するリスクがないので資金繰りも助かります。

このミニスーパーでは、ニュースレターが新規客をつくるきっかけにもなっています。ニュースレターを送っていた先の娘から電話があり、クレームだと思ったら「母のところに送っているニュースレターを私のところにも送ってほしい」という要望でした。また、店主はニュースレターを持ち歩いており、郵便局や役所など近隣の機関に行った際、窓口の担当者に手渡しています。

会う人みんなに渡すうちに、ニュースレターの感想を書いたFAXが届いたり、注文してくれたりと、反響がありました。役所の人からは「観光課で閲覧しました」という連絡がありました。

ニュースレターは基本的には自店のお客様に送付するものですが、店内で会うのも店外で会うのも同じ「出会った人」と考えると、その人にニュースレターを渡しても何の問題もありません。

お客様は、店の大きさや便利さでその店と付き合うのではなく、対応してくれた人が好印象かどうかということのほうが大事。このミニスーパーの例は、それを示しています。

7 「店との付き合い方」を教えると客層が上質に育つ

ニュースレターは「お客様を教育する優秀なツール」です。インターネットには情報がたくさん

【図表５　ニュースレター梅の話題】

こだわりぬくって大事ですね！

僕は南高梅。
生まれは和歌山です。

南高梅の由来

梅酒作りに使われる梅はほぼ「南高梅」です。南高梅は明治35年に高田貞楠さんという方が発見したことからもともとは「高田梅」と呼ばれていたそうです。昭和25年「和歌山県南部川村（現みなべ町）」内の数十種に及ぶ梅の品種の中から適地適合の優良品種を選ぶべく「梅優良母樹選定委員会」が発足しました。その委員長を務めた南部高校園芸科の主任教師竹中勝太郎先生が生徒とともに5年の歳月をかけて行なった梅の品種調査の結果「高田梅」最優良品種に選ばれたそうです。その際に改めて「南高（＝南部高校）梅」と命名されたそうなのです。

梅酒の誕生

江戸・元禄時代1697年発刊の「本朝食鑑」という文献に「梅酒」の作り方が記載されてるそうです。ですのでそれ以前より梅酒は存在していたものと考えられてるようです。（いつから飲まれるようになったかは不明のようです。）ただ当時の砂糖は貴重品だったため、庶民が気軽に梅酒を楽しめるようになったのはもう少しあとみたいですね。

梅酒といえばチョーヤ梅酒その歴史とは

チョーヤの歴史は明治時代より大阪南部駒ケ谷村（現羽曳野市駒ヶ谷）の気候や土壌を生かしたぶどう栽培が始まりでした。創業者である金銅住太郎氏は1914年（大正3年）よりぶどう栽培をはじめ、1924年（大正13年）ぶどう酒（ワイン）の製造・販売を手がけるようになり屋号は恵美須印（生葡萄酒）という名の商品だったそうです。昭和30年に入り金銅住太郎氏がぶどう酒の研究のために欧州各地を見聞した結果、ぶどう酒つくりの先行きが暗いことに気づかれたそうです。そこで「日本でしかできないものを造るべき」と考え3つの条件にたどり着かれたそうです。

1.国内であまり手がけられていない商品であること。
2.海外にない日本独自の商品で将来海外で販売できる可能性があること。
3.突飛なものでなく身近で親しみやすい商品であること。

梅干食べて
スッパーマン
ス

そしてすべての条件を満たしたものが今や社名にも入っている「梅酒」だったのだそうです。梅は世界で日本・台湾・韓国・中国の一部でしか採れず日本が質・量ともに一番なのだそうです。梅酒そのものに歴史もあり、日本の食生活に馴染んでいる点も理由のひとつだったようです。しかも目を向ければ隣接する和歌山県は当時から全国一の梅の産地でした。当初のぶどう作りをやめ、新たに勝負できる場所を探し挑んだその決断と行動は簡単にできることではないと思います。そんなチャレンジを恐れない企業精神が、現在も梅酒の大手メーカーとして君臨されてる秘訣なのでしょうね。チョーヤ梅酒さんの特徴は昔からの伝統製法を守り、梅そのものが持つ本来の風味をしっかり活かした製品となっております。そのため酸味料は一切使用せず、大粒の梅の実をたっぷり漬け込むことで飲む直前まで梅のエキスを抽出し続けています。

1959年に梅酒の製造販売を始めましたが、実はその頃は家庭での梅酒づくりは違法にあたりました。しかしすでに各家庭での梅酒づくりは一般的になっており、1962年には酒税法が改正され家庭での梅酒づくりが認められ梅酒をはじめとした果実酒（ホームリカー）ブームが起こったそうです。梅酒は英語でPlumLiquor(プラムリカー)ではなくPlumWine(プラムワイン)なのだそうです。梅酒の種類も数多くありホワイトリカーベースの梅酒、本格焼酎ベースの梅酒、日本酒ベースの梅酒、ブランデーベースの梅酒、黒糖梅酒などなど。さらにチョーヤさんでは「本格梅酒」として通常の梅酒との違いを明確にされています。これまでは酸味料・香料・着色料といった添加物で梅の味に仕上げた商品もすべて梅酒と表示されていて、添加物に頼らずに梅の実だけから作る「本格」派の梅酒と区別がつきにくいという問題があったそうなのです。そこで2015年1月23日に日本洋酒酒造組合が梅・糖類・酒類のみを原料とし酸味料を使用していない梅酒を「本格梅酒」として表示できる自主基準を制定したそうです。それ以来梅酒は「本格梅酒」と「梅酒」の2つに別れたのだそうです。こうした様々な取組みのおかげで2016年4月世界的な酒類品評会である「インターナショナルスピリッツ　チャレンジ2016」においてチョーヤ梅酒さんの「The CHOYA AGED3 YEARS]が梅酒として世界初の金賞を受賞したのです。本格梅酒の3年熟成タイプでブランデーのような重厚な香りとまろやかでありながら複雑な余韻が楽しめるのが特徴です。是非ともあなたにお試しいただきたい逸品です。ご注文お待ちしております。

ありますが、店にとって困ることは、間違った情報が多いこと。また、メーカーが自社の商品に都合のいいことしか載せていないことも多いです。だから、店はニュースレターで「正しいこと」を教え続ける必要があるのです。

ある靴店では、1年に4回ほどニュースレターを発行しています。お客様からは「喫茶店みたい」と言われるほど素敵な建物で、初めて来店する人には少し敷居が高いくらいの店構えです。

ここで扱う靴は1足3万円〜8万円。足の状態を見る相談だけでも受け付けていますが、1人2時間かけてじっくり見るので有料。品質が良く、長持ちする靴なので、毎シーズン買うというお客様はほとんどいません。

でも、ニュースレターが届くおかげで、お客様はこの店を忘れませんし、一生涯この店で購入してくれるリピート客になります。以前は、商品だけを伝えるダイレクトメールを出していました。今すぐ買ってほしくて「この靴が1足あれば何にでも使える」と言っていました。お客様は「この一足さえあれば、どんな悩みも解決する」と思い込んでしまい、10年間も同じ靴を履き続けている人もいるほどでした。それほどこの店の靴は良いものなのですが、どんなに商品が良くとも1人に1足しか売れないのでは、店は潰れてしまいます。

そこで、この店の店主は「山歩きをする靴と、仕事で使うハイヒールを1足でまかなうことはできません。上手に使い分けましょう」という内容のニュースレターを書きました。すると、1足で済ませようと思っていたお客様が、出かけるシーンごとに靴を増やしてくれるようになりました。

【図表６　靴の使い分け提案】

こんにちは！気が向いた時にユルゥーい感じで発行している三喜屋からのお手紙です。これを通じてお客様と仲良くなれたら嬉しいです。

お出かけが楽しい季節になってきましたね～。旅行前のパックや靴、洋服のお買い物も楽しみの一つ。三喜屋にご来店いただいているお客様も「五月に京都へ行くよ」とか「屋久島に行くからそれ用の靴を」とご相談が続いています。

さて、宮木家も毎年恒例の春休み行事。イチゴ狩りへ行ってきました。長野県のみはらしファーム。章姫、紅ほっぺが食べ比べできます。次女は「うち、余裕で百個はいける～」と宣言。なんと宣言通り百個頑張りました。その数時間後には、「消化しきったから蕎麦もいける～」という事で信州蕎麦も美味しく頂きました。若いっていいですね～。（笑）ちなみに店長は八十個。私は四十個（＊'.'＊）食べました。

そんなイチゴ狩りの一日を楽しむための靴は、コレッ！日本の靴職人南波さんの靴。

娘はヒールのあるタイプです。

私は、楽な方を選んでヒールなしタイプ。これの紺色も持っていますが、ちょっとしたお出かけにパンツにも、スカートにも合わせられて、重宝しています。

「楽だったから、二足目作りに来たよ～」とリピーターの多い、心地よい靴です。オマケに定番色の黒色で作ると楽ちんなフォーマル靴になる優れものです。

パックは両手がフリーになれる小さめのショルダーにしました。これでイチゴ狩りも思う存分楽しめ満腹な一日を過ごすことが出来ました。やはり、行先や、使い方に合わせて靴をチョイスすると、オシャレも楽しめて、旅も楽しめて、身体も心も大満足ですね！

お客様１人が一生涯で使ってくれる金額が上がったのです。

このように、店主が靴の使い方を教える、いわば店がお客様を教育するニュースレターを出すようになってからは、お客様が用途に合わせて靴を買い揃えるようになりました。

今回は山歩き用だったから、次は旅行用の靴、その次はパーティー用の靴を買うという感じです。

しかも、どの靴も長持ちするように手入れ修理も教えるので、お客様は一生かけてこの店と付き合うようになりました。

また、ニュースレターが１人歩きして、お客様が実家の家族を紹介してくれたり、娘が嫁に行った先の友人を紹介してくれたりと、クチコミで新規客が増えています。

店にとっては想定外に遠くからのお客様も来店するようになり、商圏が広がりました。車で片道２時間くらいの地域までが、この店の商圏です。

同じメーカーの靴を売っている店は、全国にたくさんありま す。でも、この店には、店主に会いたいというお客様がわざわざ遠方からやって来ます。

ニュースレターは人柄を出しながら、お客様と店との付き合い方を教えるツールでもあるのです。

8　上手よりもヘタなほうが喜ばれるから今すぐ作成できる

ニュースレターは手書きでもパソコンでもいいので、下手でも自分でつくりましょう。

ちょっとくらい下手でも、間違いがあっても人間味があるので、お客様から喜ばれます。人は、上手か下手かよりも、書いてある内容のほうを重視します。丁寧に書いてあれば、下手だとしてもその人の「味」になるので、ニュースレターは下手でもいいのです。

多くの人は、自分の手書きの字が嫌いです。でも、ちょっと思い返してください。誰かが自分に対して、苦手なことでも丁寧にやってくれたら、一生懸命さが伝わって心温まる感じがしませんか。

それと同じで、多くの人が「手書きは苦手だなぁ…」と感じているからこそ、手書きや手づくりのものをもらうとうれしいと思います。書く側のあなたの問題ではなく、受け取ったお客様側がうれしく感じることが大事です。

私がコンサルタントに伺う店でも時々、完璧なニュースレターをつくろうとして、結局つくれないままになっている人がいます。

でも、お客様は素晴らしいニュースレターを求めているわけではありません。それよりも、「この店の人と付き合うと親切にしてもらえそうだ」「いろいろな相談に乗ってもらえそうだ」「きちんとした技術がありそうだ」ということが知りたいわけです。

「文章や書くことが下手だからプロに頼もう」と、プロのデザイナーなどに頼むと、それはあなたのニュースレターではなくなってしまいます。プロがつくった完璧なニュースレターができると、お客様は「この店にはすごいプロがいる」と思い、期待値が高くなりすぎます。

しかも、プロに頼むとなると、打合せや作成期間などに時間がかかってしまい、ニュースレターの発行まで長い時間がかかってしまいます。自分でつくるなら、スケジュールも自分で決められますし、「緊急セール！」などのお知らせも、すぐに書くことができます。

すごいニュースレターを書かなくてもいいのです。多少の背伸びは必要ですが、ずっと飛び上がっているわけにはいきません。がんばり過ぎないことが、ニュースレターを続けるコツです。完璧を目指して一度も出さないより、下手でもいいから2〜3度出してみるほうがうまくなります。

また、ニュースレターに対するお客様からの評価は気にしないこと。

５００通出して、５００人全員からお断りが来ることは絶対にありません。

上手に書こうとがんばると筆が止まってしまうので、質を追求するよりも発行し続ける回数が大事だと考えましょう。

ニュースレターは質よりも回数、経験です。初めてつくるときは、誰でもつたないものです。でも、つたない内容は言い換えればシンプルでもあり、お客様にとっては理解しやすい内容になります。第6章の実例を参考につくってみましょう。

9 「これ面白いなぁ」と思ったお客様のクチコミツールにもなる

ニュースレターを出すと、「この店はいいよ!」というお客様のクチコミ用ツールとして、ニュースレターが1人歩きすることがあります。

例えば、女性客の場合には職場へニュースレターを持って行って、同僚や友人に「この店いいのよ!」と自慢することがあるのです。

そんなとき、ニュースレターに掲載した店名や住所などが役立って、他のお客様を紹介してもらいやすくなります。ニュースレターはどこへ1人歩きするかわからないので、店名と住所、電話番号、営業時間や地図などは必ず載せておきましょう。

お客様が店や商品を誰かに紹介したいと思うのは、自分が買ったモノやサービスで感動したときと、それを自慢したいときです。そういうとき、お客様は店の営業マンではないのに、店側から頼まれたりしなくとも自発的に店を紹介したくなります。

つまり、勝手に店を紹介してくれるのは、自分の自慢話をしたいからです。それに、商品やサービスで感動したという思いは、口からあふれ出るときがあります。自分の思いを他人と共有したい、共感してもらいたいと思っているのです。これが「クチコミ」です。

クチコミの多くは「私が良かったと思ったから、あなたもあの店に行ってみたら?」と、利用した人の満足が必ず根底にあります。お客様がその商品やサービスで満足した後で、クチコミの元となる感動と自慢が湧き上がるのです。

でも、どんなに感動しても、具体的に説明するのが難しければ、クチコミにはつながりません。あなたが自分の店ではない場所で、自店の商品やサービスについて説明するのは、きっと難しいと思います。それと同じで、お客様が利用した商品やサービス、自分を接客してくれた担当者を誰かに自慢したくとも、口で伝えるのは難しいものです。

お客様は店のスタッフではありませんから、余計に難しいでしょう。口で説明するよりも、絵や写真があったほうが伝えやすいですよね。さらに、その絵や写真に説明が入っていたら、それを知り合いや友人に渡したり、見せたりしながら「この店いいのよ！」と言うだけなら、お客様にも簡単にできます。そういうときに、ニュースレターが役立つのです。

また、ニュースレターを書いたら、発送する分よりもちょっと余分に印刷しておくだけで、店内でも使えます。対面でお客様に接して商品の説明をするときには、ニュースレターなどの紙を見せながら「ここにも書いてありますが…」と書いてあることを読むだけで、お客様は緊張せずに聞いてくれます。接客に不慣れな店員でもニュースレターを読むだけですから、いわば簡単に説明できる販促ツールになります。

店主や従業員の日常的な出来事は毎回変えて書きますが、おすすめ商品は限られますから繰り返し伝えることになります。同じことばかり伝えてもいいかと心配になりますが、毎月ニュースレターをだしても年に12回ですし、お客様は忙しい日常のなかで一瞬読むだけですから忘れます。大切なことは、伝える側がしつこいかもと心配する位で丁度です。

お客様が感じる「面白い」とは、「心が魅かれる」さまをいいます。知らなかった情報を知り「それっていいなぁ」と共感することが、お客様の感じる「面白い」になります。

店舗側は、ただ知ってほしいのではなく、知ったら欲しくなってもらい購入もして欲しいです。人が、商品を欲しくなるには情報量が必要です。文字が多いと読んでもらえないかもと心配する人が多いですが、内容に興味を持ったら最後まで読みますし、最後まで読んだ人が欲しくなります。

店主や従業員の日常に起こった出来事を読むうちに、その人の情報が増えていきファンになり、商品サービスの情報を読むうちに、その商品が欲しくなっていきます。まず人として好きになってもらわなければ、その後の購入はありません。人は嫌いな人にお金を払いたくないですからね。

新商品や、1つの商材サービスを重点的に伝えたいときにはニュースレターで三回続けて書いてみましょう。1つの商品でも、用途や利点は複数ありますから、まず3つの用途利点を考えます。

そして、一回につき1つの用途利点を伝えます。つまり、1つの商品で、用途利点を変えて三回続けて伝えるわけです。こうすると同じ商品を伝えていても、ターゲットにする人は変わるので、三倍のターゲットに伝わります。

一回目の案内で、ちょっと気になるという人が、二回目、三回目と違う用途利点を知ることで、その商品に感じる価値が増えていくので最終購入になる確率がグンと上がります。

第2章

お客様が喜んで読みたくなる「ニュースレター」の秘訣

1　ものすごく大きな誤解「売り込んではいけない」はウソ

世の中のニュースレターについての間違った認識は、「ニュースレターで売り込んではいけない」と思い込んでいる店舗が多いことです。

「ニュースレター」という言葉だけが1人歩きしていて、お客様に嫌われないように、好きになってもらう好意形成のために送るものだということについては、みなさん何となく知っています。

確かに、店がお客様にニュースレターを出す目的は好意形成。つまり、お客様との人間関係をつくることです。だから、趣味のこと、家族のこと、最近行った旅行のこと、ランチで行った飲食店のことなどを書きます。

でも残念ながら、好意形成だけで止まっている店がほとんどです。そもそもニュースレターは、名前と住所がわかっているお客様のところに届くもの。お客様が「ニュースレターを送って欲しい」とは言っていないのに、店側が勝手に送るというプッシュ型ツールです。

一般的なダイレクトメールとの違いは、店側が送りたいと思う商品情報やセールなどの情報だけではなく、季節のあいさつ、店主や店員の近況報告なども一緒に送ることです。

これが好意を形成します。だからニュースレターは、店側が勝手に送っているのに、お客様からは「必要じゃない情報が送られてきたけれど、何だかいい人みたい」と思ってもらうことができます。「いい人」と思ってもらえるから買ってもらえるという、とてもいいツールで、実は戦略的なものなのです。

「ニュースレターでは売り込んではいけない」という伝説を信じて、商品情報を全く載せない、全く同封しない店があります。この伝説の始まりは「物をすすめたら嫌われるかもしれない」という恐れでしょう。これは人の「共感性」の問題です。

共感性が強いと、相手の立場に立って話を聞いてあげることができます。相手の身になって「こういうことですか？」と想像して「私には○○と感じられます」と共感してあげられるわけです。だから、好きになってもらうことができます。こうした共感性が強い店員は、お客様から好かれるけれど売込みが下手です。

「あのお客様は年金暮らしだと言っていたけれど、この高価な宝石をすすめたら困るんじゃないかな…」「子どもが大学生だと言っていたから、お金がかかる時期。高い商品はすすめられないな…」などと想像してしまいます。でも実は、それがお客様にとっては失礼なことです。お客様の財布の中身を、店員が勝手に心配することほど失礼なことはありません。

例えて言うなら、店員がお客様に対して、「あなたの財布の中身見せて。あ、１万円入っているわね。うちの店で７０００円買って、帰りにスーパーで２０００円買って、バス代が３００円。帰ったらお孫さんに７００円のおこづかいあげられるわね」と言っているのと同じことなのです。

財布の中身のお金を何に使うかは、お客様が自分で決めることです。ニュースレターに商品の情報が書いてあっても、買うか買わないかはお客様が決めること。それが売り込みになるわけではありません。でもね、伝えないとお客様は知ることもなく、買うかどうかを決めることもできません。

店舗の大切な仕事の1つは、良い商品を知ってもらうことです。

2 嫌われない売り込み方もある「ニュースレターは売り込んでOK」

「商品を売り込むと、お客様から嫌われるのじゃないかな…」と思う店員がいる一方で、嫌われるとは少しも考えずに、平気で売り込める店員もいます。お客様に直接会って「これはいい商品ですよ」「買ってください」とストレートに売り込むことができる店員には、共感性（＝相手の身になって考えること）がありません。言い換えれば自己中心的で、お客様に対して自分が言いたいことだけを上手に言うことができます。そういう人には、ニュースレターのような紙媒体は必要ありません。対面だけで売り込めるからです。

店舗での販売は「接客」と「販売」の両方が必要です。

「接客＝共感性を用いて、感情を感じる＆感情を伝える」「販売＝感情を必要としないで、単にモノを薦める」という明確な違いがあります。モノが売れていた時代には、商品を並べれば売れました。だから、相手の身になって考える必要などなかったのです。

つまり、販売ができれば、接客は必要なかったわけです。ところが、それではモノは売れなくなり、「どこで買っても同じなら、いい人から買いたい」と店員の資質が問われるようになりました。人として好かれつつ、販売する技術も必要となったのです。

共感性が強い人は、接客が得意です。相手の役に立つことが好きなので、お客様から「これって何？」と聞かれたら、親切にしてあげることができます。店内にＰＯＰやチラシなどの紙媒体があると、お客様から質問が来て答えると、店員自身が直接お客様に売り込んだわけでないのに売れることがあります。これは、対面でもニュースレターでも同じことです。商品の情報を書いておくだけは売り込みにはなりません。

店側はお客様に対して「これを知っておいたほうがいいよ」と、専門家として商品のことを教えてあげるだけで、それを買うかどうかはお客自身が決めること。だから、売り込みベタな人は紙媒体を使ったほうがいい。お客は自分で情報を選んで読むのですから、ニュースレターには商品情報も入れておけばいいのです。

ニュースレターは、人として好かれつつ商品を売り込むこともできる、とても便利なツールです。「なぜニュースレターを出すのか」という意味を取り違えないようにしたいです。目的は好意形成だけでもないし、売り込みのためだけでもありません。

好意は相手の感情に共感したときに形成されます。だからニュースレターには、あなたの感情を書いてください。感情を書くために、自己開示が必要なのです。自己開示といっても、自分の秘密を書く必要はありません。ここでいう自己開示は、例えばあなたが道を歩いているときに、知り合いに会ったら言うようなことです。

「あ、久しぶり！　私この前、遊園地に行ってきたの！　すっごく楽しかったわ」のように近況報告しますよね。そういう程度の、当たり障りのないことでいいのです。そして、商品情報は難しい専門用語を使わず、お客様にもわかりやすい言葉で書くことが大切です。

お客様は書いてあることがわからなければ、どんなに最後まで読んでほしい内容でも、読むのをやめて離脱してしまいます。だから、やさしい言葉でざっくりした内容を書けば十分です

繰り返しますが、ニュースレターの場合には、読むか読まないかを決めるのもお客様だし、読んだ後で買うかどうかを決めて、コンタクトするのもお客様が決めること。

すべてお客様の意志なのです。だから、売り込みが苦手な人ほど、ニュースレターを活用しましょう。

ある美容室では、新しく始めた施術メニュー「一万円トリートメント」をニュースレターで広めました。店頭でＰＯＰや口頭で案内したお客様に、さらにニュースレターで詳しく知らせました。しつこいと思われたらどうしようかと不安はありましたが、伝えたことで「やっぱりやってみたい」というお客様が続きました。紙面だからこそ、文字よりも写真を多く使いました。ＰＯＰと口頭では伝えきれなかったトリートメント施術中の写真を、必要な部分だけハサミで切り取り、ノリで貼り、空いた隙間を写真の説明で埋めました。最後に施術順に矢印を書き入れて出来上がりました。ライバル店よりも数倍高い価格ですが、安定したリピート客へと育っています。

【図表７　トリートメントニュースレター（表面）】

トリートメントオブザイアー2016春

今日は皆さんも一度は店内の鏡にこんなPOPが貼られているのを見た事があるのでは…？

知ってました？

この1万円トリートメントがどーしてこんなにツヤが出るかと言うと…

前から見るたび気にはなってたけど聞きたくても聞くに聞けないっ！と言う声にお答えして…
今日はしっかりと説明致しますネ！今回は裏面に私の分身とも言うべき娘にも協力してもらい写真入りでわかりやすく…を心掛けて…

1万円もするトリートメントの誕生秘話
今だから明かせる！

「もっといいトリートメントはないか・・・
もっとツヤが出て、もっと長持ちして、終わった後に感動させられる位の効果が出るトリートメント！
材料費なんて高くてもいいから、とにかく結果が出てしかもどこの店もやってない技術。

私はそんな物を日々探してた。

そしてやっと見つけたのだった！

そのヒントはテレビのＣＭのパンテーン！
そう！あの髪だった！！私はしつこく　しつこく調べあげその正体をやっとの事で突き止めた！が、
その薬を扱っている材料屋がなく半ば諦めかけていたその時！！札幌の業者が取り扱ってもいい・・との情報が・・・
私はいちもくさんに問い合わせ見事にゲット！結果、十勝では唯一の正規取扱認定サロンとなった。
しかし、これまたその使い方が難しくて難しくて・・
毎日・毎日　カミさんや娘の髪で試しては
「んん～～～↓↓」となり

又試しては「んん～～～↓↓」の連続だった！

それから半年もの月日が流れたある日！！ついに！
「これならいける！！」と、言う感触に出会った。
よし！これでいい！！と思ったのもつかの間・・・
材料費に一切目が向いていなかった私はコストがかかり過ぎてる事にやっと気がついた。

いったいいくらでお客さん達に提供するべきか・・？

悩みに悩みついにこの金額に決めた！

もちろん　材料費との兼ね合いもあるが私自身の勉強に使った月日＋材料費＋プライド料も加算されている事も付け加えておきたい・・・

確かに高いトリートメントだと思う
でも実際やってる人達は
「これは一度やるとやめられないネ」と言う。

【図表８　トリートメントニュースレター（裏面）】

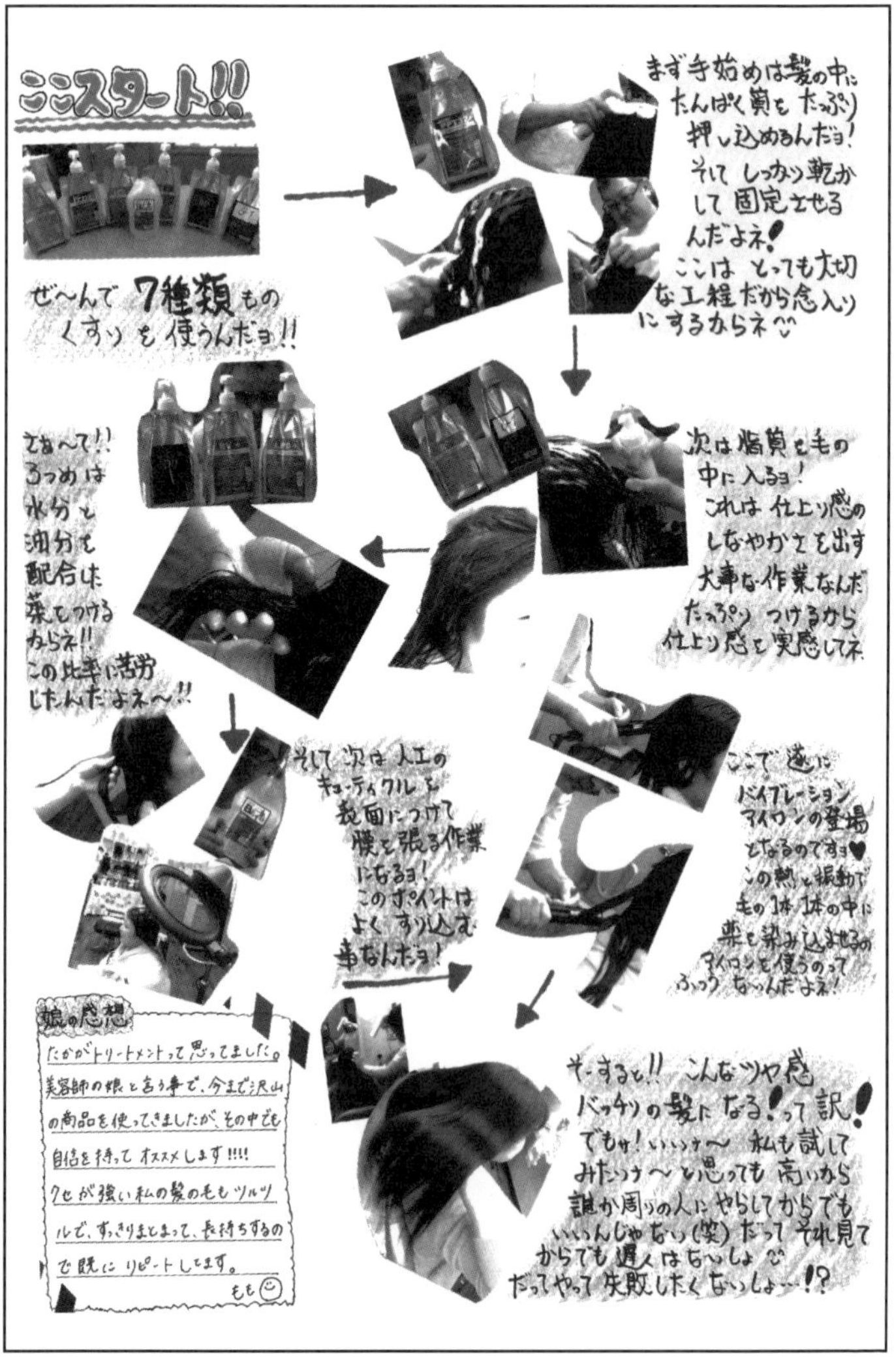

3　好意から始まる付き合いは購入につながりやすい

お客様は、第一印象の先入観で店を見ます。例えば、お客様が古い建物の店に入ったとします。店内は薄暗く棚に陳列されている商品も何となく古そうなものばかりです。お客様が第一印象で「うわ、この店は古いし、薄暗い…。商品も古くて、ろくなものはなさそうだな」と思うと、すべての商品が古くて良くないものに見えます。当然、お客様はこの店では買い物はしません。

一方で、古い店でも「昔ながらの店だから古い建物で薄暗くて趣がある。歴史ある店みたいだな」という印象を持って入ると、古い商品も「掘り出し物の骨董品かもしれない」と見えます。そうすると、商品に興味を持って見ますし、買い物もするかもしれません。

同じように、お客様がニュースレターを読んで「この店の人はいい人だから、嘘はつかないでしょう」とか「ニコニコしているから、きっと優しい人だわ」というように先入観を持ってくれれば、店もいい店だと思ってもらうことができます。そして、来店や購入につながります。つまり、好意から始まる付き合いは購入につながりやすいのです。

お客様にニュースレターを出すのは、「いい人になるため」ではありません。「商品を買ってもらうため」です。店員はお客様と結婚するわけではないし、お客様は店主との個人的な付き合いではなく店として付き合いを始めています。人は嫌いな店ではお金を使わないので、店を好きになってもらう。だから、好意形成する必要がある。そのために、「この店の人は良さそうな人だわ」と思ってもらうための手紙がニュースレターです。

好意は感情です。自分と同じように感じる共通点が多い人は「いい人」のように思える状態を共感している、といいます。人は誰でも感情を持っているので、感情を持っている人のファンになります。共感性というのは「共に感じる」と書くように、自分と同じように思ったり、感じたりする人のことを好きになります。だから、ニュースレターの文章で感情を書くと、お客様が「自分と似ている！」と思うので、好きになってくれるのです。また、人は人から押し付けられたものよりも、「自分で選んで探した」というものに対して、愛着が強いものです。だから、直接会って「私は○○が趣味です。あなたと同じでしょう！」と言うよりも、書いてあるものを読んでもらって「ああ、この人は○○が趣味。私と同じなのね」ということを、お客様自身に探してもらったほうが好意の度合いが高くなります。

ニュースレターは、ダイレクトメールと同じプッシュ型ツールなのですが、押し付けにならずに好意形成に役立つのは、お客様が「自分で情報を選んで読む」からです。だから、ニュースレターを書いて送ると、好きになってもらいやすいのです。どんなにお客様から好かれても、商品を買ってもらわなければ、あなたの店はなくなります。店がなくなってしまったら、誰の役にも立ってあげることはできません。店を経営するなら、店を残すことが店主の最大の使命です。商品を買ってもらうためにニュースレターを出すのだということを忘れないでくださいね。

【図表９　ガン家族体験談】

私の母は13年前に大腸ガンで亡くなりました。

手術はしましたが、抗がん剤治療はしませんでした。

その代わりと言ってはなのですが、食事療法や温熱療法をしました。

その間も、痛みで苦しむ事はありませんでしたが、肺と脳に転移しました。

母がガンになる前から今回共催するガンの患者学研究所のことは知っていましたが、あまり詳しくはありませんでした。

母は人に依存するタイプの人でしたので、病院での治療の時も、自助療法をする時も「アンタの言う通りにするわ。」と言いました。

でも、これでは駄目だったのです。自分の病気は自分で治さないと駄目なんだと思うのです。その為には知ることが大切です。

10月22日に「治ったさんがやってくる」にご参加していただき、ガンに打ち勝つ為の足がかりにして頂きたいです。

前回ご参加いただいた方の感想

- いかに何もしらなかったか、勉強したいと思いました。
  本日はいい経験になりました。
- 3人の治ったさんのお話とても良かったです。感銘を受けました。
  心の話は思いあたることが多くこれからの生活を改善していきたいと思いました。
  来てよかったです。
- 治ったさんのお話はそれぞれガンの部位は違うけれど、共通するのは心の在り方、生活スタイルを変えるということがわかりました。折角のチャンスですから今日から早寝早起きの習慣に変えていきます。

当日は、特定の商品の話をしたりはいたしません。

講演は無料ですが、お席の準備の為 **お申し込みが必要**です。

電話、FAX、店頭でのお申し込みをお願い致します。

私は当日受付のお手伝いをして、少し遅れて講演を聞きます。
当日お会いできるのを楽しみにしています。

ヘルシーBOX立石薬店　[redacted]

4 お客様は店との共通点「感情」を探してニュースレターを読む

ニュースレターは、お客様が「送って欲しい」とは言っていないのに、店側が勝手に送るというプッシュ型ツール、つまり押しつけ型の手紙です。こうして届いたニュースレターを、お客様はどう読んでいると思いますか？

無意識に「自分と同じだな」と思うことを探して読むのです。

お客様はあなたの文章を読んで、自分との共通点を見つける度に、あなたのファンになっていきます。

人は誰でも喜怒哀楽を持っているので、誰でも怒るし、誰でも笑います。

だから「感情」は共通点になりやすく、自分の感情を書くと早くファンになってもらえます。「うれしかった」「悲しかった」「腹

【図表10　ジュエリーリフォームの思い】

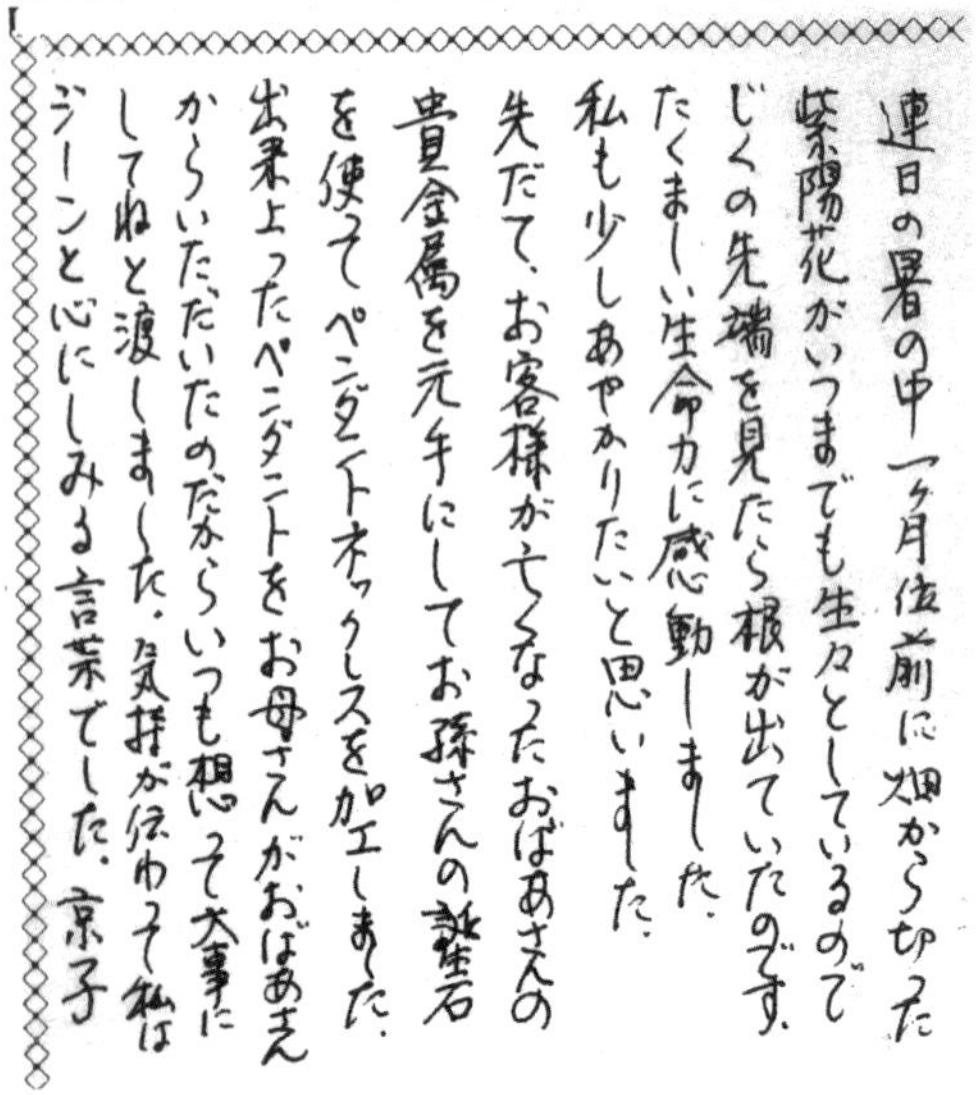
連日の暑の中一ヶ月位前に畑から切った
紫陽花がいつまでも生々としているので
じくの先端を見たら根が出ていたのです。
たくましい生命力に感動しました。
私も少しあやかりたいと思いました。
先だて、お客様が亡くなったおばあさんの
貴金属を元手にしてお孫さんの誕生石
を使ってペンダントネックレスを加工しました。
出来上ったペンダントをお母さんがおばあさん
からいただいたのだからいつも想って大事に
してねと渡しました。気持が伝わって私は
ジーンと心にしみる言葉でした。京子

が立った」「泣けた」「切なかった」など、感情にはさまざまなものがありますね。あなたが怒ったことを書いてもいいし、笑ったことを書いてもいい。

ただし、「私は○○と思った」と、主語を付けるのを忘れないでください。主語がないと、押しつけがましくなります。

ニュースレターを書く人は、感情をどのように書けばいいのでしょうか。

例えば、店員の近況報告や井戸端会議のような出来事として「工場見学に行ってきました」という内容を書くことに決めたとします。

AとBの文章を比べてみてください。

A：今日、自動車工場に見学に行きました。大きな門がありました。中に入ったら、車が2台展示してありました。係の人が工場の中を一周案内してくれました。終わってからお菓子をもらいました。みんなで帰りました。楽しかったです。

B：今日、自動車工場に見学に行きました。自分の身長よりも大きな門があり、最新技術のある会社だと伝わってきました。中に入ったら、車が2台展示してありました。どれもピカピカに磨かれていて、こんなにきれいにするのは大変だろうと思いました。係の人が工場の中を一周案内してくれました。従業員さんと目が合う度に「こんにちは」とにこやかに挨拶して下さったので思い切って質問もできました。終わってから地元名物のお菓子をいただき、気遣いに恐縮しながら帰ってきました。この会社の車は、優しく丁寧な人たちでつくられていました。

ニュースレターで一番良くないのは、Ａのように小学生が書いた作文のような文章です。

こういう文章は感情が書かれていないので、お客様が読んでもおもしろくありません。Ｂのように感情豊かに書いてあったほうが、読んだ人は書いた人のファンになります。

ニュースレターは、上手いとか下手とかは関係ありません。文法が間違っていても、何の問題もありません。日常会話は文法の間違いだらけですが、お互いにきちんと理解ができます。文章も少し文法が間違っていたとしても、読む人はきちんと理解してくれます。

あなたは、あなたの店の業種に関するプロですが、文章のプロではありません。人は誰でも間違うので、ちょっと間違っている方が人間味を感じるくらいです。

「私も文章を書くと、よく間違えるわ」と、お客様が親近感を持って読んでくれます。

ニュースレターを読んで「私と同じだわ」と思うことが増えれば増えるほど、お客様は店にやさしくなります。

逆に、完璧なニュースレターを送り続けると、お客様から完璧な店を求められ、期待値が高くなりすぎます。ただし、自分の店の専門性の事柄を書くときは、間違えないよう注意しましょう。

5　人の本能「のぞき趣味」を満足させるから次も読みたくなる

人は「ゴシップ」が好きです。これは人の本能の１つに「他人が気になる」ということがあるからで、人のゴシップ好きはもともと、生き延びるための知恵なのです（詳しくは後述します）。ゴシップというと、良くないことばかりのように思われがちですが、そうではありません。

例えば、私が自分のニュースレターでシリーズ化して好評だったものに「我が家の冷蔵庫の中身」シリーズがあります。

「山田家のマイブームは、レモン水です。水にレモンを切って入れて冷やしているだけなのですが、とてもおいしい！　冷蔵庫に常備しています」というような内容でした。たったこれだけの記事ですが、とても人気がありました。この冷蔵庫の中身シリーズは、10年以上前に書いたものですが、今でもお客様との会話で話題になります。

このように「のぞき趣味」のような内容をニュースレターに入れておくと、お客様が「お！　読んでみようかな」という気になります。しかもシリーズ化すると、毎回ネタを考えなくてもいいので、とてもラクになりますよ。

なぜ、人は本能的にゴシップ好きかというと、他人を気にすることで生き残ってきたのが人だからです。人はその昔、部族単位で生きていました。生き残れなかった部族は、他部族に騙されたことが原因で、自分の部族を失ってきました。人数が約50人までは、自分の部族であることがわかったそうですが、50人を超えると、自分の部族なのか隣のグループなのか、わからなくなった。だから「人を疑う」ということを覚え、他人が気になるようになりました。

現代でも、５人家族なら自分の家族であることは疑いようがありません。でも、子どもが多い家族のように人数が増えてくると、必然的に食糧の分け前が少なくなります。特に兄弟では上下関係ができて、弟や妹はどうやって食糧を確保して生きるのかを考えるようになり、生き抜く知恵がつきます。他人を気にすることで、生きる知恵がつくわけです。

女性誌などには「読者の窓」のようなコーナーがありますが、これも他人のことが気になるからできたコーナーで、どの雑誌でも人気が高いです。読者が「ああ、私もそうだわ」と思うことは、他人についても気になるので、読者同士の共感を引き出すことができるのです。

例えば、自己紹介のときに出身地を言って、同じ出身の人がいると「同じだ！」と盛り上がりますよね。これと同じように、自分と共通点が多い人は「いい人」のように思えてきて、それが好意を形成することにつながります。

ニュースレターでは、好意形成のために自己開示をしますが、これは「あなたと私は共通点が多いはずだから、探してね」という意味なのです。

前述の「冷蔵庫の中身」のように、お客様との共通点になりそうなことをシリーズ化すると、お客様は毎回「私との共通点だわ。次はどんな内容かしら？」と楽しみにしてくれるようになります。これがニュースレターを読み続けてもらえることにつながります。

自己開示というと、なぜか「自分が秘密にしていることを書かなければ」と思う人も多いですが、そんな必要はありません。ほんのちょっとした「のぞき趣味」のような内容を入れるだけでも、ニュースレターのネタに毎回困ることもなく、十分にお客様の本能に働きかけることができます。

【図表 11　のぞき趣味コーナー】

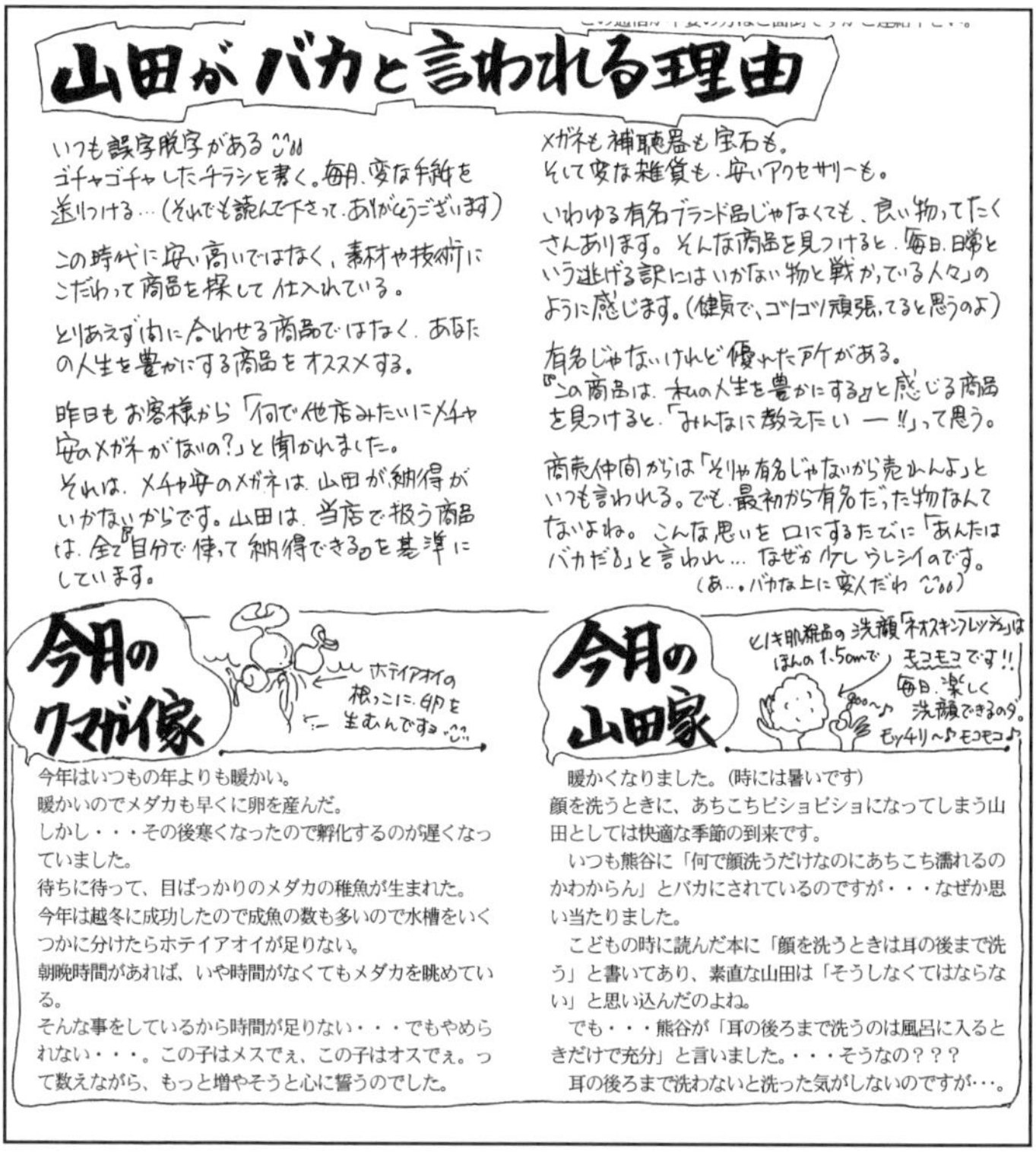

山田がバカと言われる理由

いつも誤字脱字がある🙇
ゴチャゴチャしたチラシを書く。毎月、変な手紙を送りつける…（それでも読んで下さって、ありがとうございます）

この時代に安い高いではなく、素材や技術にこだわって商品を探して仕入れている。

とりあえず間に合わせる商品ではなく、あなたの人生を豊かにする商品をオススメする。


昨日もお客様から「何で他店みたいにメチャ安のメガネがないの？」と聞かれました。

それは、メチャ安のメガネは、山田が納得がいかないからです。山田は、当店で扱う商品は、全て自分で使って納得できるのを基準にしています。


メガネも補聴器も宝石も。

そして変な雑貨も、安いアクセサリーも。


いわゆる有名ブランド品じゃなくても、良い物ってたくさんあります。そんな商品を見つけると、「毎日、日常という逃げる訳にはいかない物と戦かっている人々」のように感じます。（健気で、ゴツゴツ頑張ってると思うのよ）

有名じゃないけれど優れた所がある。

『この商品は、私の人生を豊かにする』と感じる商品を見つけると、「みんなに教えたい ―!!」って思う。


商売仲間からは「そりゃ有名じゃないから売れんよ」といつも言われる。でも、最初から有名だった物なんてないよね。こんな思いを口にするたびに「あんたはバカだね」と言われ… なぜか少しうレシイのです。

（あ…。バカな上に変人だわ）

今月のクマガイ家

ホテイアオイの根っこに、卵を生むんです

今年はいつもの年よりも暖かい。

暖かいのでメダカも早くに卵を産んだ。

しかし・・・その後寒くなったので孵化するのが遅くなっていました。

待ちに待って、目ぱっかりのメダカの稚魚が生まれた。

今年は越冬に成功したので成魚の数も多いので水槽をいくつかに分けたらホテイアオイが足りない。

朝晩時間があれば、いや時間がなくてもメダカを眺めている。

そんな事をしているから時間が足りない・・・でもやめられない・・・。この子はメスでぇ、この子はオスでぇ。って数えながら、もっと増やそうと心に誓うのでした。

今月の山田家

ヒノキ肌粧品の洗顔「ネオスキンフレッシュ」はほんの1.5cmで モコモコです!! 毎日、楽しく洗顔できるのダ。

モッチリ～♪モコモコ♪

暖かくなりました。（時には暑いです）

顔を洗うときに、あちこちビショビショになってしまう山田としては快適な季節の到来です。

いつも熊谷に「何で顔洗うだけなのにあちこち濡れるのかわからん」とバカにされているのですが・・・なぜか思い当たりました。

こどもの時に読んだ本に「顔を洗うときは耳の後まで洗う」と書いてあり、素直な山田は「そうしなくてはならない」と思い込んだのよね。

でも・・・熊谷が「耳の後ろまで洗うのは風呂に入るときだけで充分」と言いました。・・・そうなの？？？

耳の後ろまで洗わないと洗った気がしないのですが･･･。


ダイレクトメールなのに、こんな個人的なことを書いてもいいのかと思う人がほとんどです。でも、お客様は、こんな個人的なことが書いてあるなら読みたい、と思います。

お店が売込んだら、お客様は逃げます。

まずは、店主や従業員に興味をもってもらうことで、商品の話を聞いてもらえるように個人的な出来事を書いてみましょう。

6　お客様を登場させると、親近感&わかりやすさ&反応率が格段アップする

ニュースレターには、ぜひあなたの店のお客様を登場させてください。あなたが売りたい商品とお客様とのエピソードがあれば最適です。

例えば、「先日、お客様から○○という商品について、こんな質問がありました…」という内容です。すると、ニュースレターを読んでいる人が「あら、こんな簡単なことでも質問していいのね」とか「他のお客様たちは、新商品のことを聞いているのね」というように、あなたの店との付き合い方を勝手に学んでくれます。だから、ニュースレターの反応率が格段にアップします。

ニュースレターに「1人のお客様」を登場させると、その話の内容が理解されやすくなります。読む人が登場したお客様を、自分に置き換えて読むからです。そうすると想像しやすいので、理解がしやすくなります。書いた内容をきちんと理解してもらうと、読んだ人は自分に必要な店か、必要ではない店かと考えるので、反応率がアップするのです。

人は、内容を理解すると「ああ、そうか。自分も同じだな」とか「自分はそうでもないけれど、母はそうかもしれない」とか「私も家族も当てはまらないけれど、私だったらこんなことを聞いてみたいな」というように、理解した内容に合わせて、自分の困りごと＝店に相談したいことや来店の口実を考えてくれます。

【図表 12　ゴミが増えないニュースレター】

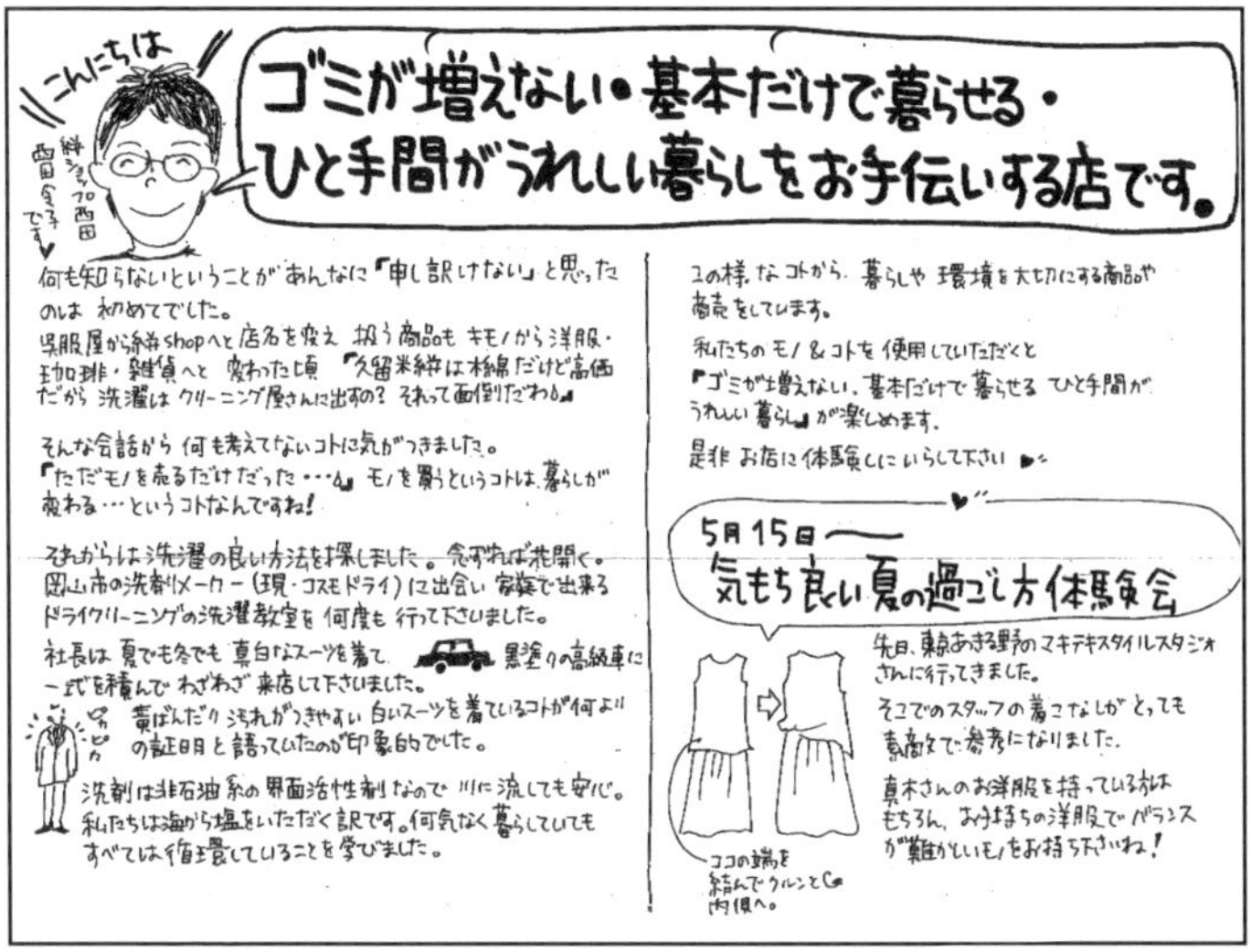

こんにちは

絣ショップ西田
西田金子です

ゴミが増えない・基本だけで暮らせる・
ひと手間がうれしい暮らしをお手伝いする店です。

何も知らないということがあんなに『申し訳けない』と思ったのは　初めてでした。
呉服屋から絣shopへと店名を変え　扱う商品も　キモノから洋服・珈琲・雑貨へと　変わった頃　『久留米絣は木綿だけど高価だから　洗濯は　クリーニング屋さんに出すの？　それって面倒だわね』

そんな会話から　何も考えてないコトに気がつきました。
『ただモノを売るだけだった…』　モノを買うというコトは、暮らしが変わる…というコトなんですね！

それからは洗濯の良い方法を探しました。念ずれば花開く。
岡山市の洗剤メーカー（現・コスモドライ）に出会い　家庭で出来るドライクリーニングの洗濯教室を　何度も　行って下さいました。
社長は　夏でも冬でも　真白なスーツを着て　黒塗りの高級車に一式を積んで　わざわざ　来店して下さいました。
ピカピカ
黄ばんだり　汚れがつきやすい　白いスーツを着ているコトが何よりの証明と　語っていたのが印象的でした。
洗剤は非石油系の界面活性剤なので　川に流しても安心。
私たちは海から塩をいただく訳です。何気なく暮らしていても　すべては循環していることを学びました。

この様なコトから、暮らしや　環境を大切にする商品や　商売をしています。
私たちのモノ＆コトを　使用していただくと
『ゴミが増えない、基本だけで暮らせる　ひと手間がうれしい暮らし』が楽しめます。
是非　お店に体験しにいらして下さい

5月15日――
気もち良い夏の過ごし方体験会

先日、東京あきる野のマキテキスタイルスタジオさんに行ってきました。
そこでのスタッフの着こなしが　とっても素敵で　参考になりました。
真木さんのお洋服を持っている方は　もちろん、お手持ちの洋服で　バランスが難かしいモノをお持ち下さいね！

ココの端を結んでクルンと内側へ。

本人はそれまで思ってもいなかったけれど、ニュースレターを読むことによって自分の困り事を思いついてくれるわけです。だから、お客様という登場人物を使い書くことがとても重要です。

よくある大きな間違いは「いろんな人が読んでいるから、誰にでも当てはまるように書こう」と思ってしまい当たり障りのない、通りいっぺんのことを書いてしまうことです。

そうすると、登場人物は自分に置き換えにくくなるので、読んでいる人は感情移入ができず、「どうでもいいや」と興味を失ってしまいます。

ニュースレターでは、いくつもの商材を売り込むと反応が落ちます。お客様は聞いてもいないことを読むわけですから、好意をもって読んでくれたとしても2個が楽しく読める限界です。たいていは、1つの商材に絞り込んで伝えます。500人に出しても全員が欲しい物はありませんから、その商材自体を買う人は少なくなります。ところが、書いてあることについて理解すると、読んだ人は「私は今、これは必要ないけれど、他のものなら必要」というように勝手に考え、来店する口実を探し出してくれることがあります。

メガネのことを書いたら時計修理が増えたり、目のための健康食品のことを書いたら膝腰にいいのはないのと質問されたり、ハート型のネックレスのことを書いたら誕生石のネックレスを探す人が来店したりといった、伝えたこと以外の反応が増えるのもニュースレターの特徴です。

送っているすべての人が欲しいと思う商材はありませんから、1つに絞って、お客様を登場させ想像してもらいやすい工夫をすると、それぞれの人が自分に必要なことを思いついてくれます。商品の話は、商材を1つにしぼり、具体的に、お客様も登場させて伝えましょう。

7　接客前に正しいことを知らせるので、信頼されファンになってもらえる

現在、インターネットが当たり前になり、お客様が無料でさまざまな情報を手に入れることができるようになりました。また、テレビの情報番組でも、無料でたくさんの情報を流しています。実はこれが、店側が接客しにくい最大の理由です。

タダのものはウソが多いもの。だから、これらの情報は間違っている場合が多いのです。でも、

お客様がこれらの情報を信じている場合、来店してから「それはウソです」とひっくり返すのはなかなか難しいです。なぜなら、お客様が言っていることを否定することになるからです。人は、自分が言うことを否定する人の話は聞きたくないものです。

だから、ニュースレターで「正しいこと」を知らせておきましょう。「よくテレビの情報番組で△△ということが言われていますが、本当は○○なんですよ」と、来店する前に教えておくと、お客はその正しい情報を持って来てくれます。そして、あなたを信頼し頼ってくれます。

「信用」と「信頼」は似ているようで違います。ニュースレターでは「信頼される」ことを目指しましょう。なぜなら、信用されるよりも信頼されるほうが儲かるからです。

信用というのは「用いる」という漢字を使っているとおり、便利に使ってもらえるということ。信頼は「頼る」という漢字を使っているように、頼られることを意味します。つまり、お客様が買いたい商品を決めているときには信用でもいいのですが、「どうすればいいのかな?」と思っているときには、信頼が大切です。こう考えると、信用される店と信頼される店、どちらが儲かるかは明らかですよね。

あなたがニュースレターでお様客に正しい情報を教えておいたほうが、お客様の役に立ちます。ただし、「これを伝えたいのだ」と信念を持って書かないと、お客様に対して媚びへつらうニュースレターができてしまいます。「買ってほしい」と媚びへつらうのではなく、正しいことを教えてあげるのです。それは、世の中で「正しい」と言われていることではありません。

あなた自身が信じていることをお客様に教えてあげるのです。ここがとても大事なポイント。これが「あなたのファンをつくる」ということだからです。

お客様に媚びへつらうような情報は、インターネットやテレビなどのマスコミを介して、無料でたくさん入手できます。世の中で正しいと言われていることを伝えるだけでいいのなら、どこで、誰から聞いても同じ情報です。お客様にとっては「それならあなたの店でなくても他店で買えばいい」となってしまいます。あなたの店のお客は、あなただからこその情報をおしえて欲しいと思っています。

ニュースレターは印刷して1つの店舗が多くの顧客に送りますから、多くの人に対するものだと勘違いされやすいですが、お客様は「自分とお店」という一対一の付き合いだと感じます。だからこそ、お客様に対して真剣に、あなたが信じていることを伝えてあげましょう。

そこで、店にとって有利なものをお客様に教えるというくらいの狡猾さは必要です。その情報はウソではないので、お客様に教えておいてもいいのです。

学校の先生も、他の先生と同じような教え方でつまらない人よりも、個性的で楽しい先生の方が授業もおもしろく感じますよね。

さらに、良い先生というのは、楽しいとかおもしろいだけではなく厳しいときには厳しく、教えるべきところはきちんと教えてくれるものです。それと同じです。

お客様は、あなたの店と付き合うと、あなたと話ができるから来店するのです。

【図表 13　健康への思い】

私は○年前、未熟児で生まれました。子供の頃は病弱で、体中におできを作って、父にビタミン注射をされ、泣いていました。　だから、当店に来て下さるお客様には、いつも、元気でいていただきたいと、あちこちのセミナーで学び、今や「健康おたく」です。そんな河合が、皆様に健康になっていただく為のお勧め『元気生成の素』

その①　かき肉エキス「バランスターWZ」

第２子出産後の不調時に、助けてもらいました。飲めば、アミノ酸、ミネラルが、たっぷりだから、食事で摂った蛋白質・糖質がしっかり母乳になるのです。

小さいおっぱいでも、しっかり出ましたよ。

その上、グリコーゲン成分が筋肉を潤して元気に、楽に動けるのです。

バランスターWZのお陰様で、子育てに仕事に、夫の世話にと、楽しく毎日を過すことが出来ました。今でもずっと続けていますが、
副作用はないようです(笑)

詳しくは別紙をごらん下さい。

120粒　12960円込

その②　大高酵素飲料「クオリ酵華」

酵素断食ののぼり旗を店頭に立てています。

「断食」の意味が、全く理解出来なかった頃、マクロビの河野修一先生の「一泊断食セミナー」に参加したのです。そこで学んだ事は、「動物は生きる為に食べ、食べる為に生きる。」人も動物ですが、人は生きるのに必要以上に食べていますね。

「余り」はどうなるか。体脂肪になるだけではなく血管中にも、細胞中にも「余り」が貯まるのです。化学物質なども。それを体が疲れずに大掃除するのが「クオリ酵華断食」なのです。

人は体内酵素の80％を食品の消化に使い、残り20％で修復と解毒を行うのです。そうです！

「食べないこと(断食)」が、どんなに「体思いなこと」か判ったのです。

8640円込　詳しくは別紙をごらん下さいネ。


これが「ファンをつくる」ということです。

あなたが伝えたいことを、あなた自身の言葉で伝えましょう。

ある薬局では、自店おすすめ商品をすすめるときに気を付けていることがあります。

商品成分よりも、この商品をどう自分の人生で役立てたか、この商品と自分はどうかかわっているかといった「自分の体験談」をニュースレターに書きます。

だからこそ、この人に相談してみたいとお客様が来店しています。

8　お客様はこの店と付き合うかどうかを自分で選びたい

お客様がニュースレターを読んで「あの店にもう一度行こう」と思っても、その内容から想像することとあなた自身が違っていれば、もう来店してくれなくなります。

ニュースレターを出しているということは、お客様は少なくとも一度は来店してくれてはいますが、まだあなたのことをよく知りません。届いたニュースレターを「きっとこんな人なんだろうな」と想像しながら読み進めるうちに、あなたへの興味が強くなっていきます。

お客様が来店する理由は、大きく分けて「この店にはこの商品があるから」「この店にはこの人がいるから」の2つがあります。

「この商品」という理由での来店者は、店に用事はなくて商品に用事がありますから、店のお客様にはなりにくいものです。同じ商品がもっと良い条件で手に入れられれば来なくなってしまいます。「この人に会いたい」という理由のほうが、より強くお客様を引き付けられます。

店主や店員に会いたいから店に行きたい、とお客様は思いますが、店なので用事なく行くわけにはいきません。だから、ニュースレターで1つの商材を売り込んで、お客様が来店するための「口実」をつくってあげましょう。

多くの店では予防線を張って「あの商材もこの商材も書いておかなければ」と思っています。でもそうすると、文章を書きにくい上に、お客様に伝えたいことが薄くなってしまいます。売り込む商材は1つで十分です。

お客様がその商品そのものに興味はなくても、とにかく来店してくれればいいのです。そして話をしているうちに「あ、このお客様はニュースレターで紹介したものとは別の商品が欲しいのだな」ということがわかってきます。

つまり、ニュースレターは対面の接客にするためのきっかけ。ちょっとしたきっかけがあれば、お客様はあなたのことを思い出してくれます。商材について書いてあっても、そのことを通じて、店の「人」のことを思い出してもらうというのが、ニュースレターの目的です。

だから、「ニュースレターのおかげでうまくいきました！」という店のニュースレターをそのままマネしても、あなたの店がうまくいくはずがありません。なぜなら、お客様がニュースレターで想像することと、あなたの店（店主や店員含む）が違うからです。

お客様が想像したことと、実際の店（この場合は店主）が違っていたために、失敗した例をご紹介します。ある工務店の店主は、技術力も高いし、親切で面倒見もいい人です。でも、もともと建設業だったので、服装は長靴に作業着、話し方は下町っぽいべらんめえ口調です。

店主はあるとき、売れる建売住宅のパッケージがあるというので、設計図からチラシなどの販促物まで、まとめて一式を仕入れて販売しました。そのチラシはプロのデザイナーがつくったオシャレなもので、店主はそのチラシをそのまま配布しました。

すると、若い夫婦が物件を見に来たのですが、店主をひと目見ただけで帰ってしまいました。なぜなら、その物件はとてもオシャレな住宅だったから。

お客様は、チラシのオシャレな住宅を想像して来たのに、対応したのが作業着を着たべらんめえ口調の店主だったので、ギャップがありすぎたんですね。

もし、店主が商材であるオシャレな住宅に合わせて、自分もオシャレなスーツを着て、話口調も変えて対応していたら、結果は違っていたでしょう。自分の人柄と商材が違うのであれば、きちんと演出をすること。売りたいモノに、自分の人柄や雰囲気を合わせるのです。

何でも「商材ありき」で、売りたいモノから考えること。これはニュースレターだけではなく、店にも店主にも店員にも、すべてに言えることです。

なぜなら、お客様から商品を買ってもらうためにやっているのですから。人は、自分が想像した店と実際に見た店が違えば「なんだ、違うのか」と思うので、二度とその店には行きません。

商材のイメージを軸にしてすべてを考えることが、とても大事なのです。

着物生地の絣を素材につかった洋服を販売している店では、ニュースレターの用紙にクラフト紙を使っています。真っ白やカラフルな紙ではなく、生成り色のざらっとした手触りの紙です。

値段だけを考えたらコピー紙のような一般的に見かける紙のほうが安価ですが、商品の持っているイメージ「素朴・糸の質感が残った手触り・手づくり感」がニュースレターでもしっかりと伝わっています。結果、主力商材の洋服以外の雑貨や食品の購入もつながっています。

第3章　初めてでも反応がとれる「ニュースレター」はひな型づくりから

1 ひな型をつくっておけば気持ちがラクになり、続きやすい

ニュースレターを長く発行し続けるためには、ひな型をつくっておくとラクです。毎回、発行する度に真っ白い紙を前にして「今回は何を書こうかな…」と一から考えると、絶対に続きません。

毎日発行される新聞各紙も、あらかじめ囲み枠の線を引いておいて、その日のニュースでその枠を埋めるという状態にしてあります。あなたのニュースレターも枠だけは書いておき、「どこに何を書くのか」を決めておきましょう。

例えば、縦長のニュースレターの場合、一番上は季節のあいさつから始めるといいでしょう。二段目にはあなたの近況報告や趣味のこと、そして三段目には売りたい商品についてのコラム、という感じです。何を書くコーナーなのかを決めておいて、発行する時期に合わせた季節ネタや、そのときに売りたい商品のことを書くようにします。

手書きの場合は、枠だけを印刷した用紙を準備しておくことをおすすめします。いつも似顔絵を描く場合には、吹き出しを書いて季節のあいさつを入れるのもいいですね。吹き出しを使うなら、吹き出しもひな型に書いておき、文字を埋めるだけにします。

ニュースレターに必ず入れてほしいのは、自店の商品やサービスの技術について語るコーナーです。あなたの専門知識をお客様に知ってもらうコーナーですね。それから、店の休日やフェア、セー

ルなどのお知らせを書くコーナーもつくりましょう。カレンダー形式にしておくと、簡単で見やすいですよ。

新聞の連載のように、シリーズ化するのもおすすめです。シリーズ化する場合は、最初から何回までと決めずに、書く側が飽きたら、シリーズを変えればいいのです。例えば、ペットを飼っている人は「今月の○○」のように、ペットの近況や出来事を書くシリーズにしたり、主婦向けなら「ウチの冷蔵庫の中身」のようなシリーズにしたりというアイデアもあります。本が好きな人なら読んだ本について、映画好きならおすすめの映画、読んでおもしろかったマンガもシリーズ化しやすいです。おいしかったランチの店を紹介するのもお客様から喜ばれます。

コーナーやシリーズを決めておけば、例えば「ニュースレターのネタにするから、おいしい店にランチを食べに行かなきゃ」「今月も映画を見に行こう」「どのマンガをネタに書こうかな？」というように、自分から行動することができるようになります。

ニュースレターを書く人は時間をかけて考えて、中には1週間以上もかけて書く人もいます。書く人が考え込んでいる時間を減らさないと、発行し続けることができません。「毎回同じ枠で書いたら、お客様は見飽きないかな…」と心配する人がいるかもしれませんが、新聞は同じ型なのに、毎日読んでいても飽きませんよね。

あなたの店でニュースレターを毎月発行するとしても、お客様が見るのは1年に12回です。しかも、お客様が見るのはほんの短い時間で、全部をくまなく読んでくれる人は、そう多くはありません。たまたま時間があったとか、たまたま興味がある話題が載っていたとか、そういう程度です。
ニュースレターのひな型が毎月同じでも、気にするお客様はほとんどいませんから、安心して同じ型で書いてください。ニュースレターは、毎回時間をかけて、工夫を凝らすことに頭を悩ませるよりも、長く発行し続けることが大事です。

【図表14　ニュースレターひな型】

2　まずはタイトルを決めよう！　タイトルがお客様を育てる

ニュースレターは、タイトルがとても重要です。本でもテレビ番組でも、タイトルを見ると「こういう内容なのか」と直感的に考えますよね。

例えば、本書のタイトルは「自店のファンを10倍ふやす　ニュースレターの書き方・送り方」なので、「本書には自店のファンが10倍になるようなノウハウが書いてあるのか」とイメージするわけです。もし、本書のタイトルが「自分の店の壁新聞の書き方」だったら、中身は似たような内容でも、印象がまるで違います。タイトルによって、人の頭の中にイメージさせるものが全く違うので、タイトル選びはとても大事なのです。

ニュースレターのタイトルによくあるのは「○○店だより」「△△店通信」というものですね。でも残念ながら、お客様はあなたの店のことよりも、自分の未来に興味があります。だから、店の名前をそのままタイトルにするのではなく、自店の商品やサービスによって、お客様がどう変われるのかを考えたタイトルにしましょう。

つまり、タイトルを決めるときのポイントは「当店と付き合っていると、お客様の手に入る未来」です。お客様の未来を予言するタイトルにすると、とてもいいニュースレターになります。あなたの店で提供している商品やサービスによって、お客様が手に入れることができる未来は何でしょう

【図表15　布団店ニュースレター居ねむりたいむ】

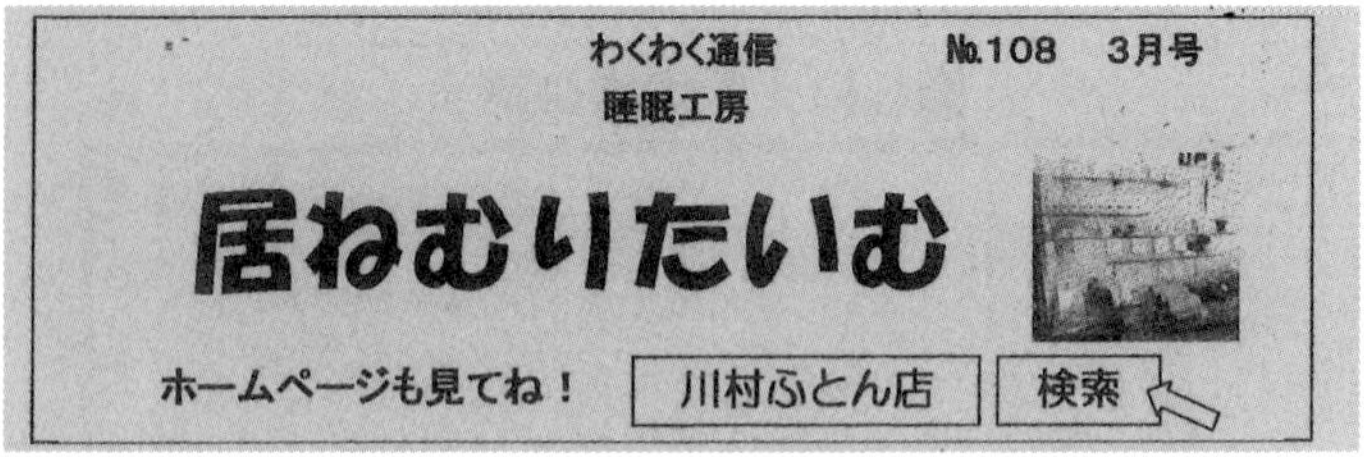

か？

ある布団店のニュースレターは店名に通信とつけただけでした。

この店でお客様が手に入れることができる未来は、商品の布団ではなく「心地よい眠り」です。そこで店主は「居ねむりたいむ」というタイトルに変えました。

「○○店だより」ではピンとこないお客様でも、「居ねむりたいむ」というタイトルを見れば、「うっかり居眠りするほど心地よさそう」と思うわけです。そして、この布団店で扱っているものも良い商品に思えてくるのです。これは、人は最初に持ったイメージ通りに、次の段階へと進んでいくものだからです。

例えば、初対面の人に会ったときのことを考えてみてください。

目つきが悪く、機嫌も悪く、話しかけても答えない、目を合わせないような人に会ったら、「この人は私と会うのがイヤなのかしら？」と思いますね。

でも、実は話してみたらとてもいい人だった、という経験はありませんか？　いわゆる第一印象が悪い人ですが、そういう人はとても損をしています。

【図表 16　薬局化粧品店ニュースレター元気上げ上げ通信】

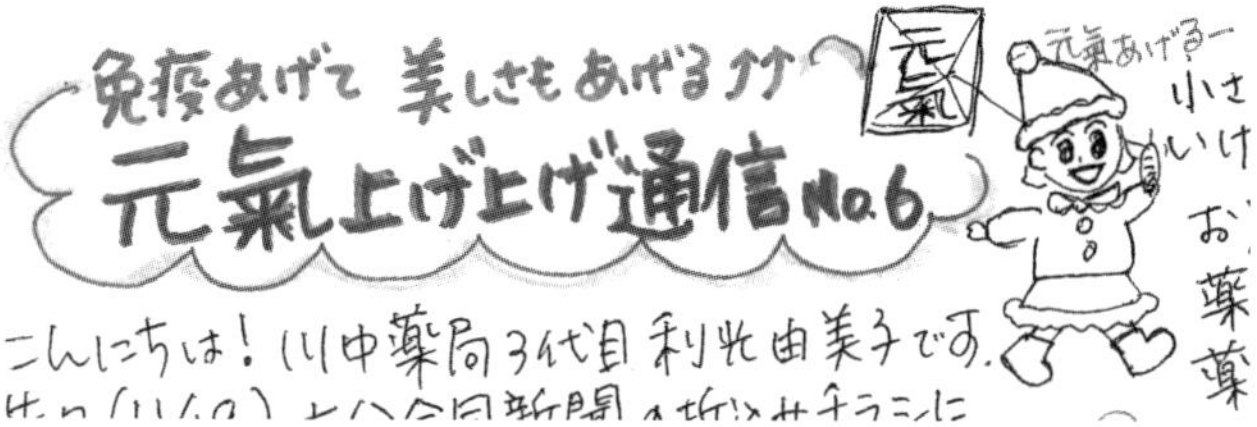

人に会ったときの「第一印象が悪い」のと、「タイトルが悪い」のは同じです。タイトル1つで、良さそうな内容なのか、悪そうな内容なのか、見た人は直感的なイメージを持ちます。ニュースレターの大きな目的は好意形成ですが、それはタイトルから始まっているのです。「たかがタイトル」と思わずに、しっかり考えましょう。

　ある薬局化粧品店では、ニュースレターを始めるに当たり「免疫あげて美しさもあげる　元気上げ上げ通信」としました。このお店と付き合うと元気も美しさも上がると明確にイメージできますから、読むのが楽しみになると好評です。

　繰り返しますが、ニュースレターのタイトルを決めるときのポイントは「当店と付き合っているとお客様の手に入る未来」です。あくまでも、お客様を主語にして考えること。

「いつもお客様が主役です」ということが伝わるものにしましょう。

　この店はお客様を大事にする店、ということが伝わらなければ来店して買い物をしてもらうことはできません。「私よりも商品が大事なのね」「私のことなんてどうでもよくて、売上が欲しいだけなんでしょう」と思われてしまったら、お客様はどんどん離れていってしまいますよ。

3　たった1つの基本「手紙」と「売り込み」を分ける

ニュースレターは、好意形成をするのが大きな目的です。初めて会う人同士が自己紹介をするように、フレンドリーな季節のあいさつを書き、自分を知ってもらうために家族や趣味の話も書きます。でも、その話に続けて、売り込みのために商品情報も書くと、読んでいるお客様はどう思うでしょうか？　お客様は「この人は人間関係をつくりたいの？　商品を売り込みたいの？　どっちなの？」と、頭の中がごちゃごちゃになってしまいます。そうすると「この人が考えていることがわからないから、もうイヤだ」とニュースレターは読まれなくなってしまうのです。

なぜ、店側がお客様に対して好意形成をしなければならないのかというと、お客様は嫌いな人の店では買い物はしないからです。

だからといって、好きになってもらった途端に「私のこと好きでしょう？　それなら、これを買って」と売り込みをするのは、あまりにも自己中心的というものです。

例えば、道端で偶然、友人に会った場合のことを考えてみてください。お互いに近況報告をしたり、趣味の話をしたりしますね。そんなときにいきなり「あのね、この商品がおすすめなのよ！」という話をするでしょうか？　そんな話をする人とは仲良くできません。

ニュースレターでいきなり売り込みをするのは、こういう状況と同じです。だから、好意形成を

【図表 17　手紙と売り込みを分ける】

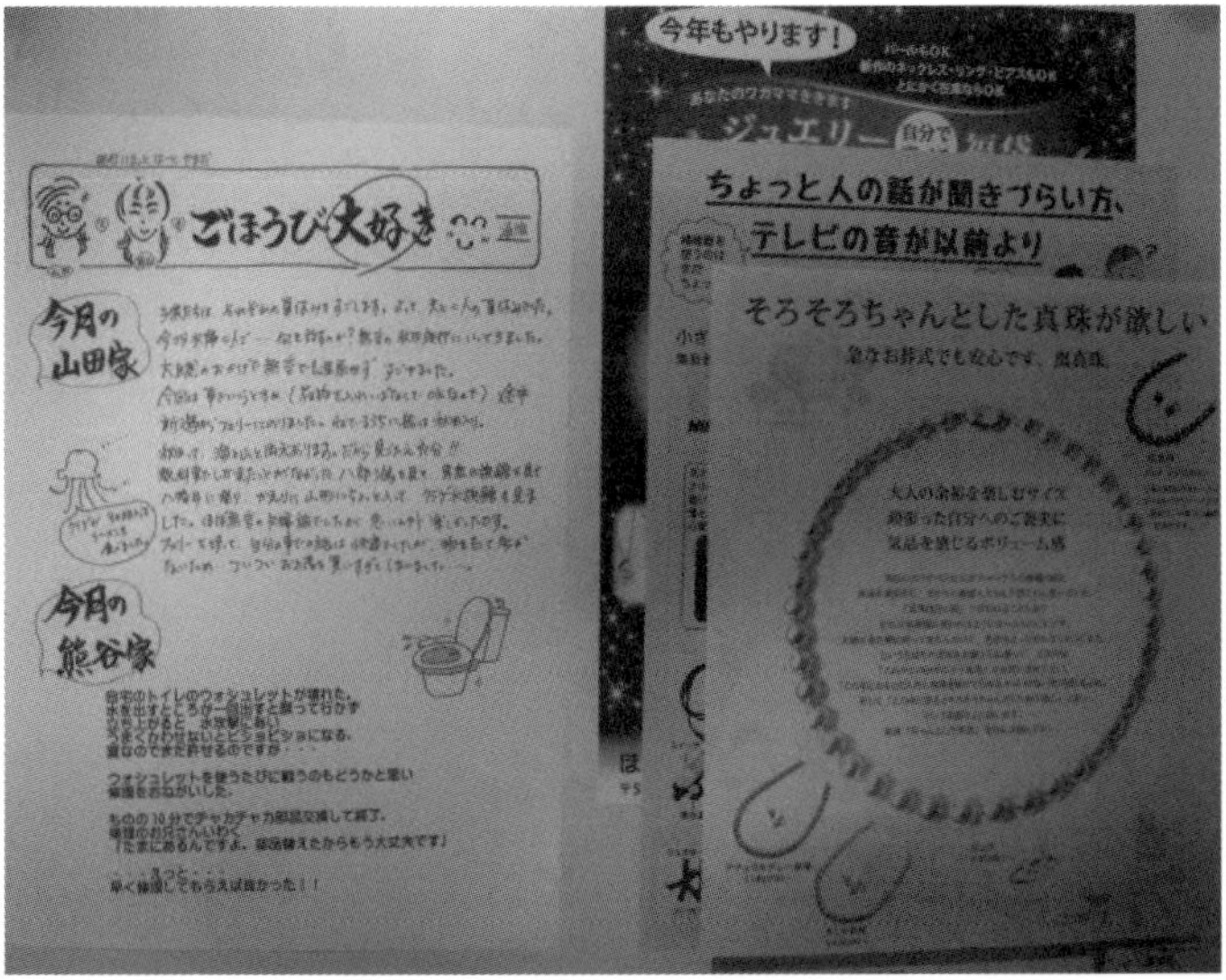

するための手紙である「ニュースレター」と売り込みをする「セールスレター」は、ハッキリと分ける必要があります。

眼鏡と宝石を販売する私の店の場合は、好意形成のための手紙を白色紙に白黒印刷、売り込みの商品情報はカラー紙に白黒印刷しています。これは売りたい！　という企画商品はカラー印刷と決めています。

手紙だけを読むお客様はとても多いですが、手紙ほどではないものの、売り込みにもしっかり反応はあります。

手紙部分と売込み部分を明確に分けておくことで、お客様が自分で「売り込みの商品情報は読まない」と選ぶことができます。

一方で「商品情報にも興味があるから読む」と思った人は、自分で選択したことなので一生懸命に読んでくれます。

興味を持って読んでくれますから、成約率が上がるのです。これは、本書で度々登場する「自己影響力」の演出です。

手紙と売り込みの分け方は3パターンあります。

① 手紙と売り込みの「紙を分ける」

例えば、手紙は白色紙、売り込みはカラー紙にします。紙の色が違えば、お客様はひと目で「これらは違うものだ」と認識します。もし、売り込みに商品写真を使う場合は、カラー印刷にして、紙は白色にしましょう。その場合は、手紙をカラー紙にします。

② 手紙と売り込みの「文字を分ける」

手紙は手書き、売り込みはパソコンで書くというように分けます。手紙と商品情報の見た目に明らかな違いを出しましょう。

③ ハガキの場合には、「片面を手紙にして、反対の片面を売り込みにする」

ハガキの表面の下半分に商品情報を載せて、裏面には季節のあいさつなど手紙を書く、というように分けることができますね。

いずれの場合も、手紙と売り込みを明確に分けて混在させないこと。明確に分けた手紙と売り込みの中から、どちらを読むのかはお客様自身が選びます。お客様は「押し付けられたのではなく、自分が読みたいものを選んで読んだ」となります。手紙だけ読んでもいいし、商品情報だけ読んでもいいし、両方読んでもいい。それをお客様自身が選べる、選ぶ自由があるということがコツなのです。自己影響力を演出してあげることが大切です。

4　ニュースレター部品の基本組合せ

ニュースレターの基本的な部品は、次の５つです。

ひな型（68ページ参照）をつくるときにも、この部品を基本にします。

①　タイトル
②　井戸端会議的な出来事
③　商品と絡めた出来事
④　案内（店の住所や電話番号、定休日など）
⑤　商品情報（売り込み用の別紙）

①の「タイトル」は、店の名前をそのままタイトルにしてはいけません。「当店と付き合っていると、お客様の手に入る未来」をタイトルにします（69ページ参照）。

②の「井戸端会議的な出来事」は、季節のあいさつや近況報告です。友人と久しぶりに道ですれ違ったときに話すような内容にすると悩まずスムーズに書けます。

④の「案内」は、店の住所や電話番号、定休日などです。ニュースレターはクチコミのツールにもなるので、来店するお客様が確認しやすいように書きましょう。

とても重要なのが③の「商品と絡めた出来事」です。商品知識ではなく、お客を登場させたエピソードを書きます。この際、③に登場する商品は、必ず⑤の商品情報に絡めたものにしてください。「この商品のことが知りたいな、と思った方は別紙をご覧ください」という一文を入れておくのがコツです。そうすると、その商品がよく売れます。

多くのニュースレターでは②はありますが、③がないので、好意形成で終わってしまいます。好意形成はニュースレターの大きな目的ですが、買ってもらうために好きになってもらうのであって、友情を育むためではないのです。

近況報告もするけれど、商品も登場させましょう。このことを間違えると、お客様は「いつも読んでるわ。ありがとう」と言いながら、悪気はないけれど他店で買い物をしている、ということが起こります。

ある地方都市の電気店で、実際にあった話です。この店の店主はとても親切で、1人暮らしのお年寄りの家に出向き、電球を換えたり、照明の傘の掃除をしたりしてくれます。

ある日、その店主が、いつものようにお客の家に行きました。電球を交換した後に居間に通されたところ、そこには店主が売りたかった新品の大型テレビが鎮座していたのです。店主はショックのあまり「これ、ウチでも売ってるんですが、どこで買ったんですか?」とお客様に聞いたところ、そのお客様は「あなたの店で買えるとは知らなかった。言ってくれれば買ったのに」と言われました。

このような話は、この店だけではありません。本当にたくさんあります。あなたの店ではこんなことがないように、③の「商品と絡めた出来事」は、お客様に対する「自店との付き合い方」を書いてください。

例えば、電気店の場合は次のように書きます。

先日、お客様から「テレビが映らなくなったんだけど、もう古いのかな」と相談を受けました。そこで、私は「修理もできますが、新しいものに買い替えたらいかがですか？　今のテレビは薄型で、昔のものよりも電気代も安いんです。カタログをお持ちしますね」と言って、カタログを持参しました。すると、そのお客様はテレビドラマを見るのが好きなのに、録画予約する方法が面倒で困っていることがわかりました。

「それなら、24時間すべての番組を録画してくれるテレビがありますよ」と伝えたところ、「そんな便利なものがあるのね。もっと早く教えてよ」と怒られてしまいました。24時間録画できるテレビのことが知りたいな、と思った方は別紙をご覧ください。家電製品のことなら、新型から旧型の修理まで気軽にご相談くださいね。

このようなことを書いておくだけで、ニュースレターを読んだお客様には「家電製品のことで困ったら、この店に相談したらいい」「最新の商品も扱っているのね」ということが伝わります。店で起こった商品に関する出来事を書くだけで、商品説明などは全く必要ありません。このためには、普段のお客様との会話やエピソードを、ニュースレターのネタとしてストックしておくことをおすすめします。専門的な知識ではなく、店側にとっては当たり前なレベルのことでいいですよ。

5　誰から来たの？　誰が書いているの？　に答えるために顔と主語を入れよう

ニュースレターでは、最初に「私が書いています」ということをアピールします。人は、誰が言ったかわからないことは信用しないものですからね。

自分が書いていることをわかってもらうためには、まず自分の似顔絵や顔写真を入れて、「こんにちは！　暑い日が続いていますね～」のようにあいさつを書くと、顔を出している人が書いているということが、お客様にひと目でわかります。

ニュースレターは、一度以上来店したお客様に送るものなので、お客様はすでに店員に会って、顔を知っています。だから、紙面に顔を出す場合、似顔絵でも写真でもどちらでも構いません。どちらでも「あ、あの人だ」とわかってもらうことができます。

似顔絵の良さは、本人に似ているか似ていないか、というおもしろさにあります。

例えば、有名人の似顔絵が「おもしろい」と思えるのは、私たちが本人の顔を知っているから、似ているか似ていないかがわかるわけです。お客様はニュースレターを書く人の顔を知っているはずなので、似顔絵でもおもしろさが伝わります。

ニュースレターには似顔絵でも写真でもどちらでも構いませんが、チラシには写真のほうが適し

【図表18　似顔絵であいさつ】

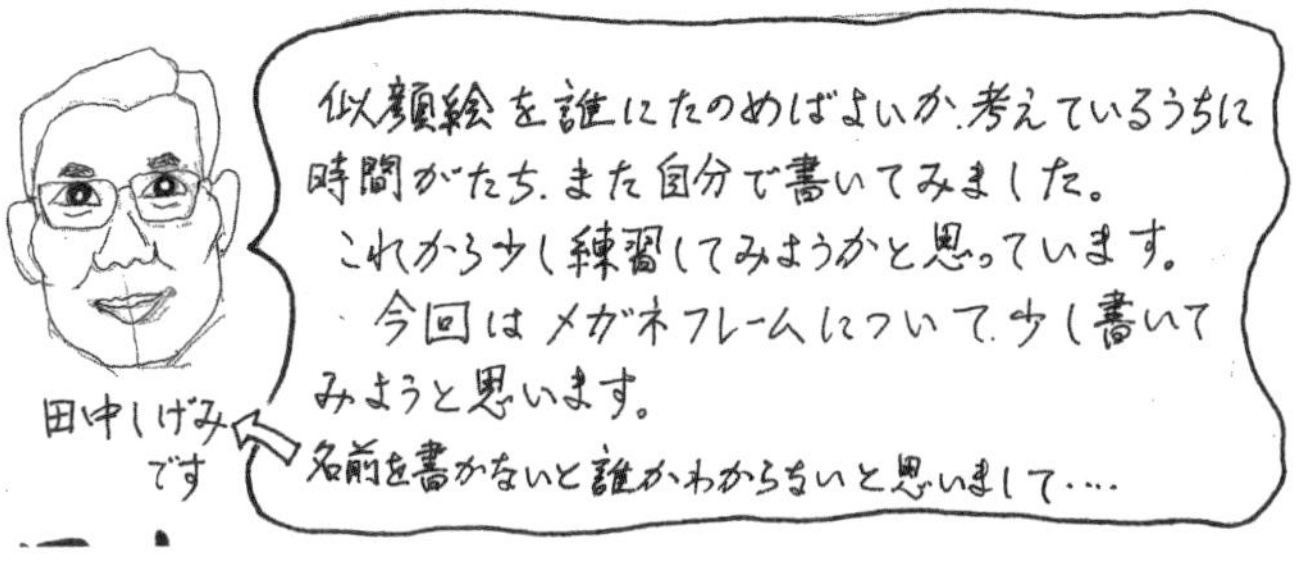
似顔絵を誰にたのめばよいか考えているうちに時間がたち、また自分で書いてみました。
これから少し練習してみようかと思っています。
今回はメガネフレームについて少し書いてみようと思います。
田中しげみです
名前を書かないと誰かわからないと思いまして・・・

ています。

「え？　チラシは来店したことがない人が見るのに、ちょっと恥ずかしい…」と思わないでください。お客様は、興味がないチラシなら0・2秒でめくってしまいますが、「ん？　何のチラシかな」と思わせてゆっくり確認させるのが、人の顔写真が載ったチラシなのです。

これは、人には顔写真があるものを必ず確認するクセがあるからです。人の顔が写っている写真というのは、本能的に「敵かもしれない」と思うので人にとって脅威です。

危険だと思うから目を留めて確認します。多くのチラシの中から選んでもらう必要があるチラシには顔写真を載せたほうが手に取ってもらえる確率があがります。すでに知った店から届くニュースレターは危険がないことがわかっていますから、顔写真でも顔イラストでも読んでもらえます。

また、誰が書いているのかをハッキリさせるために、ニュースレターには主語を書きましょう。日本語は、主語を抜いた文章でも通じますが、主語を抜くと、押しつけがましい文章になります。

もし、あなたが知り合いに会ったときにいきなり「あのね、このA商品がとってもいいのよ。B商品とは全然違うのよ」と言われたら、拒否したくなりますよね。

これは、押しつけがましいからです。でも、「この前、私がA商品を使ってみたら、とってもいいのよ。それまで使っていたB商品とは全然違ったの」と言われると、「へぇ～、そうなのね」と思います。これは主語があるので、「あなたはそう思うのね」と素直に聞けるからです。

人は「自分のなわばり」を持っていて、「身体のなわばり」の範囲は平均で半径約150㎝と言われ、見知らぬ人はその範囲に踏み込んでほしくありません。

人には身体のなわばりだけではなく、「心のなわばり」もあり、人の心に訴えかけるのが「言葉」です。主語を抜くと、心のなわばりに踏み込んでしまうことになり、押しつけがましく聞こえるのです。

ニュースレターの言葉は、対面の言葉と同じです。人の脳は文字を読むと、耳で認知する部分も反応するようにできています。だから「読む」ということと「聞く」ということは、同じように心に入り込みます。ニュースレターでは絶対に「私は○○と思う」と主語を書いてください。主語を書くことで、お客様の心のなわばりに踏み込まずに伝えることができます。

主語を書くと「あなたはそう思うのね。私は違うけど」や「あなたはそう思うのね。私はどうだろう？」と思ってもらうこともできるので、お客様の自己影響力を満足させることにもつながります。

6　まずは売りたい商品から決めると、書くべきことが早く見つかる

ニュースレターを書くときは、まず、発行時期に合わせた「売りたい商品」を決めましょう。売り込みの商品情報に載せる商品をどれにするかを決めると、ニュースレター本編も書きやすくなります。

ここで、ニュースレターの基本的な部品5つ（75ページ参照）をおさらいしましょう。

①　タイトル
②　井戸端会議的な出来事
③　商品と絡めた出来事
④　案内（店の住所や電話番号、定休日など）
⑤　商品情報（売り込み用の別紙）

この5つのうち、最初に⑤に載せる商品を決めます。そして③の「商品と絡めた出来事」を書きます。⑤の商品に関係する、お客様が登場するエピソードを書き、文章の最後に「この商品のことを詳しく知りたいなと思った方は別紙をご覧ください」という一文を入れておくのがコツです。そうすると、⑤に興味をもち読んでくれるので、その商品がよく売れます。

例えば、ある電気店では、すでに夏が始まっているのに、冷蔵庫の在庫が10台もありました。

「これは大変だ！　冷蔵庫を売ろう」と思った店主は、ニュースレターに冷蔵庫の話題を書くことに決めて、お客様とのエピソードを探しました。

毎日接客していると、お客様とのエピソードだけでも山のようにあるはずです。売りたい商品を決めると、その商品に関するエピソードを思い出せばいいので、毎回「何を書こうかな…」と悩むことなく、ニュースレターを書くことができます。

売りたい商品は決めたけれど、それに関するエピソードがない、もしくは思い出せない場合には、「この商品は何がいいの？」または「他の商品と何が違うの？」と自問自答してみましょう。

例えば冷蔵庫なら、その冷蔵庫の特徴や、A社の商品とB社の商品との違いなどを書きます。エピソードの代わりに「この商品を今買うべき理由」を書いてもいいですね。

例えば、③商品と絡めた出来事に「見えない病気　低血圧」を書きます。読む人が自分にあてはめて読み進められるように、よくある症状を並べ、その理由を簡単な言葉でのべます。そして、興味がある方は、別紙⑤へ誘導する一言「詳しくは別紙をみてください」と〆ます。

お客様とのエピソードやその商品の良さなどを書く場合にも、難しい専門用語は使わず、お客にもわかりやすい言葉で書くことが大切です。対面の場合には、お客様の表情を見ながら話すことができるので、店員が「わかりにくかったかな」と気づくこともできるし、お客様が自分から「わからない」と言ってくれることもあります。そうすれば、言い換えることができますね。でも、ニュースレターの場合には言い換えることができません。しかも、対面と違って「わからない」とは

【図表17　低血圧⑤へ誘導】

見えない病気　低血圧

夏は血管が緩み、血圧が下がるので、低血圧の人は様々な
不快症状に悩まされることが多くなります。
血圧が低いために心臓から血液を送り出す力が弱く、全身
の血の巡りが悪くなります。
脳や全身に栄養分が行きわたりにくくなり以下のような症状の原因になります。

- 耳鳴り・めまい・立ちくらみ
- 頭痛・頭重感
- 肩こり・倦怠感・疲れやすい
- 不眠・寝起きが悪い
- 冷え性・低体温
- 吐き気・胃もたれ・便秘

嘔吐するほどひどい症状の人は少ないものの、なんとなく気持ち悪い、胃がムカムカする…などの症状を訴える方は少なくありません。
なぜ、低血圧による吐き気があらわれるのかと言うと、胃や腸は、食べ物を下に送り出す「ぜん動運動」という動きがあるのですが、低血圧の人はこのぜん動運動が弱いのです。そのため、胃もたれを起こしやすく胃下垂だったり、吐き気も現れやすかったりします。

疲れるようなことをしていないのに、何となく疲れる、パワーがでない人は一度低血圧を疑ってみてください。

あっ私のこと言ってる・・・と思われた方。改善していきましょう。
詳しくは別紙をみてください。

言ってもらえません。お客様は書いてあることがわからなければ離脱するので、どんなに最後まで読んでほしい内容でも、読むのをやめてしまいます。

だから、最初からやさしい言葉で、ざっくりした内容を書けば十分なのです。興味を持ってもらって、「もっと深い話を聞きたい方はご来店ください」というつもりでニュースレターを書きましょう。

7 買うか買わないか？ 買うとしたらどれにしよう？と行動を1つ進ませる注文書

ニュースレターには、売り込みの商品情報とともに、必ず注文書や予約受付票を同封しましょう。せっかく興味を持ってもらった商品があっても、注文書がないとお客様は「へぇ〜、そういう商品があるんだ」と思うだけで終わってしまいます。注文書があれば「買うとしたら、どれがいいかな」と考えます。つまり、行動が「買う」というほうへ一歩進むので、成約率が上がるのです。

商品情報を書く際のポイントは、お客様にもわかりやすい言葉で書くこと。どのくらいわかりやすく書けばいいのかというと、小学生の子どもが読んでもわかるくらいのやさしい言葉で書きましょう。同業者が読んだら、ツッコミがたくさん来そうなくらいがいいです。専門用語を使って難しいことを書いても、お客様は理解できません。

商品情報は、ニュースレターの基本的な部品5つ（75ページ参照）の③「商品と絡めた出来事」

に登場するものにすることを忘れないでください。

例えば、婦人服店でストッキングを「売りたい商品」として載せる場合は、次のように書きます。

夏のある日、お客様からこんなご質問がありました。

「ずっと生足で過ごしているけれど、結婚式に参列することになって、ストッキングが必要になったの。こういうときは、どんな色のストッキングがいいの？」

そうですよね。参列者といっても、結婚式は写真に写ることが多いもの。ストッキングは履いたほうがいいですね。最近のストッキングは脚を美しく見せるものがあるんですよ。脚を美しく見せるストッキングについて知りたい方は、別紙をご覧くださいね。

このように「商品と絡めた出来事」を書き、別紙の売り込みで商品情報を詳しく書きます。

そして、この商品についての注文書は、次のように書きます。

ポイントは、必ず選択肢を2個以上書いて、お客が選べるようにすることです。

「脚を美しく見せるストッキング」注文書　(ご希望の□に☑を入れてください)

□　1足入り　○○円　　□　2足セット　△△円

このように1つの商品の注文書でも、必ず選択肢を2個以上書きます。1商品の2個セットでも、割引にする必要はありません。お得に見せるために選択肢が必要なのではなく、「お客様に選ばせるために」選択肢が必要なのです。

人は、選ぶものが目の前にあると、必ず選びたくなるものです。これも、お客様が自分で選んだという「自己影響力」の演出です。

イベントやサービスなどの予約を受付けたい場合にも、必ず選択肢を2個以上書きます。

よくあるのは「予約してください」という言葉に続いて、電話番号など問合せ先が書いてあるというもの。でも、お客様の行動を一歩進ませるためには、問合せ先を書いて終わりではなく、次のように書きます。

イベント参加予約　（ご希望の日時のアルファベットに○を付けてください）

A・○月○日　10時～　B・○月◇日　13時～　C・○月△日　15時～

このように、予約できる日時をいくつか選択肢として書いておきます。するとお客様は「予約するなら、どの日時がいいかな」と考えてくれます。また、注文や予約方法も選べるように書きます。

電話、FAX、メール、LINEなどの他、ハガキという注文方法を書く店もあります。選択肢がいくつもあると、お客様は「予約するならどの方法にしようかな」と、予約するしないではなく、一歩進んだ行動を考えてくれます。

ニュースレター本編を読んで、続けて商品情報や注文書を読んだお客の中には「なんだ、この商品の宣伝なのね」と思う人がいるかもしれませんが、笑ってくれます。

なぜなら、手紙と売り込みを分けている（72ページ参照）ので、お客様は商品情報を読むことを

【図表 20　イベント申込書】

ギクッと不安、辛〜いコリコリ

体験会ご予約申込書

びっくりしました

この2日間は 2月1日おなくなりになった佐藤初女さん
のあったかい想いを込めて『おにぎり』をつくります。
これだけでも食べに来てね!!

おにぎりは、今、話題(世界一受けたい授業)の酵素玄米です

	3/4(金)	3/5(土)
10:00〜11:30		
11:30 〜 1:00		
1:30〜 3:00		
3:00 〜 4:30		
4:30 〜 6:00		

※1枠3名さまです。FAXの方はご希望□に○をつけてね!

氏名　　様／デンワバンゴウ

絣(かすり)shop西田

FAX [redacted]

TEL [redacted]

自ら選択していることになるからです。だからニュースレターには、売り込みの商品情報と注文書

をしっかりと同封しましょう。

8　年間スケジュールを立てておくと焦らない

ニュースレターをいつ発行するのか、年間スケジュールを立てておきましょう。

出来上がったらすぐに送ることができるメールと違って、ニュースレターは紙なので、手間がかかります。だからこそ価値があるのですが、お客様の手元へ届く日から逆算しておかなければ、全てがうまくいかなくなります。お客様に読んでもらいたいのはいつ頃か、いわばゴールから逆算するクセをつけましょう。

例えば、イベントの案内をニュースレターに入れたので、イベント当日の2週間前にはお客様の手元に届いてほしい、またはニュースレターに載せる商品が入荷する3日前に読んでほしい、という具体的な日程を考えて、そこから逆算します。

・お客様の手元に届く日　○月△日とすると…　発送して届くまでにかかる日数は？
・郵送業者に届けなければいけないのはいつ？
・封入を完了するのはいつ？
・いつまでにニュースレターとセールスレターを揃えておく？
・印刷には何日かかる？　印刷所へ入稿するのは？　または自分で印刷するのはいつ？

・ニュースレターとセールスレターの原稿を書き上げるためには、何日かかる？

このように逆算すると、いつから書き始めなければならないのかがわかります。

せっかく一生懸命に書いた内容でも、タイミングを逃してからお客様の元に届けば、その内容は全く意味をなさなくなってしまいます。

ニュースレターを書くというあなたの努力をムダにしないためにも、前もってスケジュールをつくり、それを守ることは大切です。

ニュースレターを夏に送ろうと思っていたのに、気づいたら秋だった…。クリスマス前に送ろうと思っていたのに、気づいたらお正月だった…。このような実例は山のようにあります。売るつもりで商品を仕入れていても、時期がズレてしまえばお客様の買いたい気持ちが薄れ、在庫が溜まっていく一方です。

あなたにとっては、ニュースレターを送る時期がズレたことが「ちょっとしたミス」でも、お客様は待ってくれません。あなたの店のライバルは、同業他社だけではありません。テレビを見ても、雑誌を読んでも、現代は情報だらけです。お客様の財布の中身をねらう人たちは、みんなライバルです。

モノのなかった昔と違って、今はどこでもモノを買える時代です。モノだけではなく、さまざまな誘惑がお客様を待っています。

「あなたのところで買い物をしようと思っていたんだけど、急に旅行に行くことになったの」「たまたま通りかかった店に欲しいものがあったから、もう注文してきたわ」など、お客様にとっては日常茶飯事です。

特に、女性は思いつきで買い物をします。

一説によれば、女性は100万円まで思いつきで買い物をするそうです。例えば、洋服、バッグ、ジュエリーなどを一通りそろえれば、あっという間に100万円を超えます。

一方の男性は、計画的に買い物をする人が多く、思いつきで買い物をすることは少ないようです。だから、特に女性をターゲットにしている店のライバルはとても多いのです。

ニュースレターを読んでくれるのも、圧倒的に女性が多いんですよ。男性には一見、ムダ話のように見えることですら、女性にとってはムダではなくて情報収集です。ニュースレターを見て「あら、これはいいわね！」と買ってくれるのも女性が多いのです。

ニュースレターの反応がとれるよう、お客様の手元へ届く日から逆算するクセをつけてください。ニュースレターを送れなかったことが、取り返しのつかないことになってしまわないように、年間スケジュールを立てて、そのスケジュールをきちんと守りましょう。

年間スケジュールは1枚の用紙で管理すると便利です。例えば、A4 1枚に12か月すべてが載っているカレンダーに、ニュースレターの発行日、送付日、封入日、原稿締切日などを記入してしまいます。合わせて店舗のイベント情報も載せましょう。1枚の紙にしてながめることで、忙しさにまぎれて作成の取り掛かりが遅れることが防げます。

第4章

すいすい読める紙面になる「ニュースレター」書き方ポイント

1 人が読みやすく感じるのは「手のひら」の大きさ

あなたが店内に棚をつくりたいと思ったとき、まず何から始めますか？　いきなり材料を壁に取り付ける人はいませんよね。必要な高さや幅を測ったり、どんな棚にしようかと設計図を描いたりしてから、材料を組み立てると思います。それと同じで、ニュースレターにも設計図が必要です。

この章では、基本の設計図や部品を紹介します。紙面にいきなり文章を書き始めるよりも、反応のあるニュースレターができますよ。

【図表21　片手の幅が読みやすい】

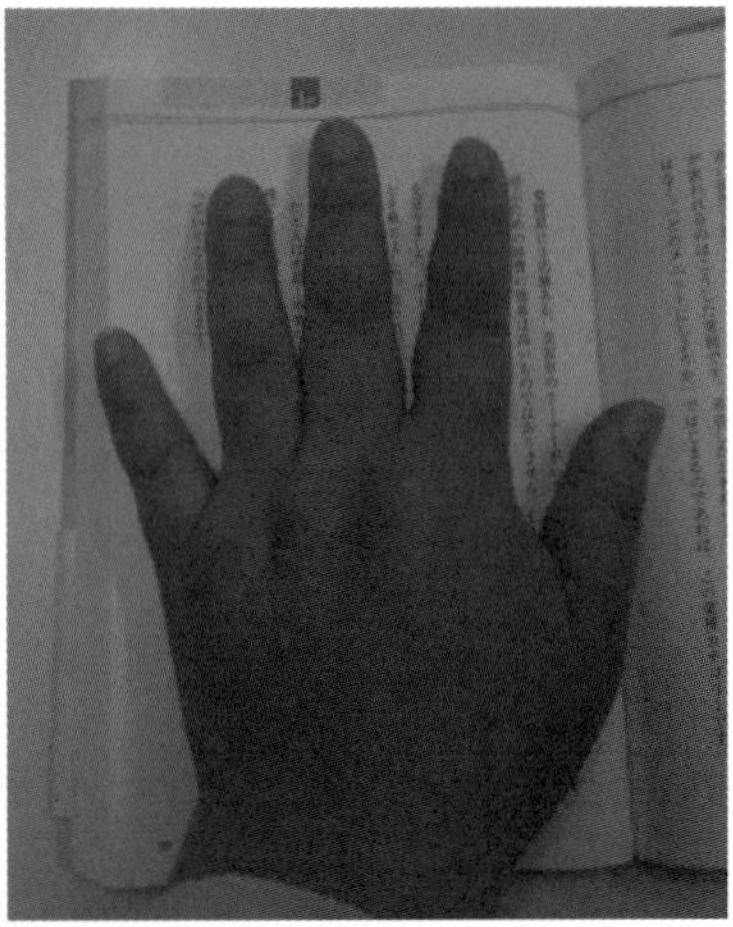

人の行動には、本能やクセがあります。視覚的に人が「読みやすい」と思う幅は、片手を軽く開いたときの幅です（図表21）。

例えば単行本は、縦書きでも横書きでも片手の幅に収まるので、読みやすいと感じるのです。

ニュースレターも、片手の幅を超える紙面の場合には、片手分の幅とその残りの幅に分割して書くと、読みやすくなります。

紙面を縦長に使う場合には、人の目は上から下

【図表22　紙面を横長に使うときの囲み】

へと読み下ろすので、伝えたい事柄が順番に読まれやすくなります。

このため、紙を縦に使うニュースレターは、1枚の紙面で伝えるテーマを1つに絞るといいです。

紙面を片手分の幅とその残りの幅に分割して、片手分のスペースにはメインの文章を、残りのスペースには付属的な内容やコラム的な文章を入れるなど、工夫しましょう。

紙面を横長に使う場合には、紙が人の視界の幅を超えるので、情報がたくさんあると錯覚します。

このため、商品点数を多く掲載したり、それらを見比べたりするのに便利です。人が読みやすいと思う幅は同じなので、1つの文章が片手分の幅に収まるようにします。

例えば、A4横長の紙を縦に3分割すると片手の幅くらいになります。複数の商品を見比べたりするのに有効なので、商品の大きさや写真、文章の書き方などをそろえると、比べやすくて読みやすいニュースレターができます。

2　色の基本、文字はグレースケール・写真イラストはカラー

ニュースレターに限らず、チラシでもポスターでも、色をたくさん使うとごちゃごちゃして見づらくなります。色を使い過ぎず、文字は黒と白のグレースケールがメリハリがついて読みやすくなります。文字を黒で書きグレーでバックを塗ったり線を引き、写真イラストはカラーという組合せが一番見やすく、お客様からの反応もいいです。

大きな文字は太いペンで、小さな文字は細いペンで書くと、メリハリがつきやすくなります。しっかりメリハリをつけるために、太さの違うペンを数本用意することをおすすめします。文字の大きさによって、ペンの太さを決めるといいですよ。

筆ペンの太いもの、にじまない水性インクのマーカーで太いものから細いもの、細いサインペン、ボールペン、薄いグレーのペンまで用意しておくといいでしょう。

【図表23　ペン】

大きな黒い文字にグレーのペンで影をつければ、読みやすくなる上に、紙面に奥行きができます。人の認識力は、平面よりも立体的なほうによく働くので、奥行きができると一層メリハリがついて記憶に残りやすいという効果もあります。

【図表24　グレーで影をつける】

写真はカラーで載せましょう。

文字以上に語るのが写真の力です。お客様に長い説明文を読んでもらうよりも、見れば一瞬でわかってもらえるのも写真の力です。

写真の下には必ずその写真の説明文章を付けましょう。

人は写真の下を確認する癖がありますから、紙面の中で読んでもらえる確率の高い場所に何も書かないのは損です。

「カラーは印刷代が高くて…」と思う人もいるかもしれませんが、印刷代は数年前よりもかなり安くなりました。今は、ネットで入稿すればカラー印刷もとても安価でできます。

手書きの原稿でも、スキャンしてＰＤＦにすれば入稿ができます。中には、手書き原稿をそのまま送れば、カラー印刷をしてくれる印刷会社もあります。

【図表25　写真下キャプション】

←座ってゆっくりとお話をお聞きしています。
取り扱いは漢方食品が中心です。
時には真面目に、時には笑いも交えてお話しています。

近所に印刷屋さんがあるなら、そこに手書き原稿を持参して印刷してもらうというのが、一番簡単な方法です。

3　タイトルと本文は、文字の大きさに5倍の差をつけると読みやすくなる

ニュースレターにどんなに魅力的な言葉が並んでいても、文字が小さくては目立ちません。

読む人の年齢によっては、文字が小さくて見えないので読んでもらえないというケースもあるでしょう。普通の言葉でも〝どでかい〟くらいのほうが、目について読んでもらえます。

キャッチコピーが大きければ、お客様は本文も読んでくれます。なぜなら、キャッチコピーが気になった人しか本文は読まないからです。

とにかく、キャッチコピーを大きく書いて、お客様に興味を持ってもらいましょう。

キャッチコピーの文字の大きさは、A4紙の縦使いやB4

【図表 26　大きな字のキャッチコピー】

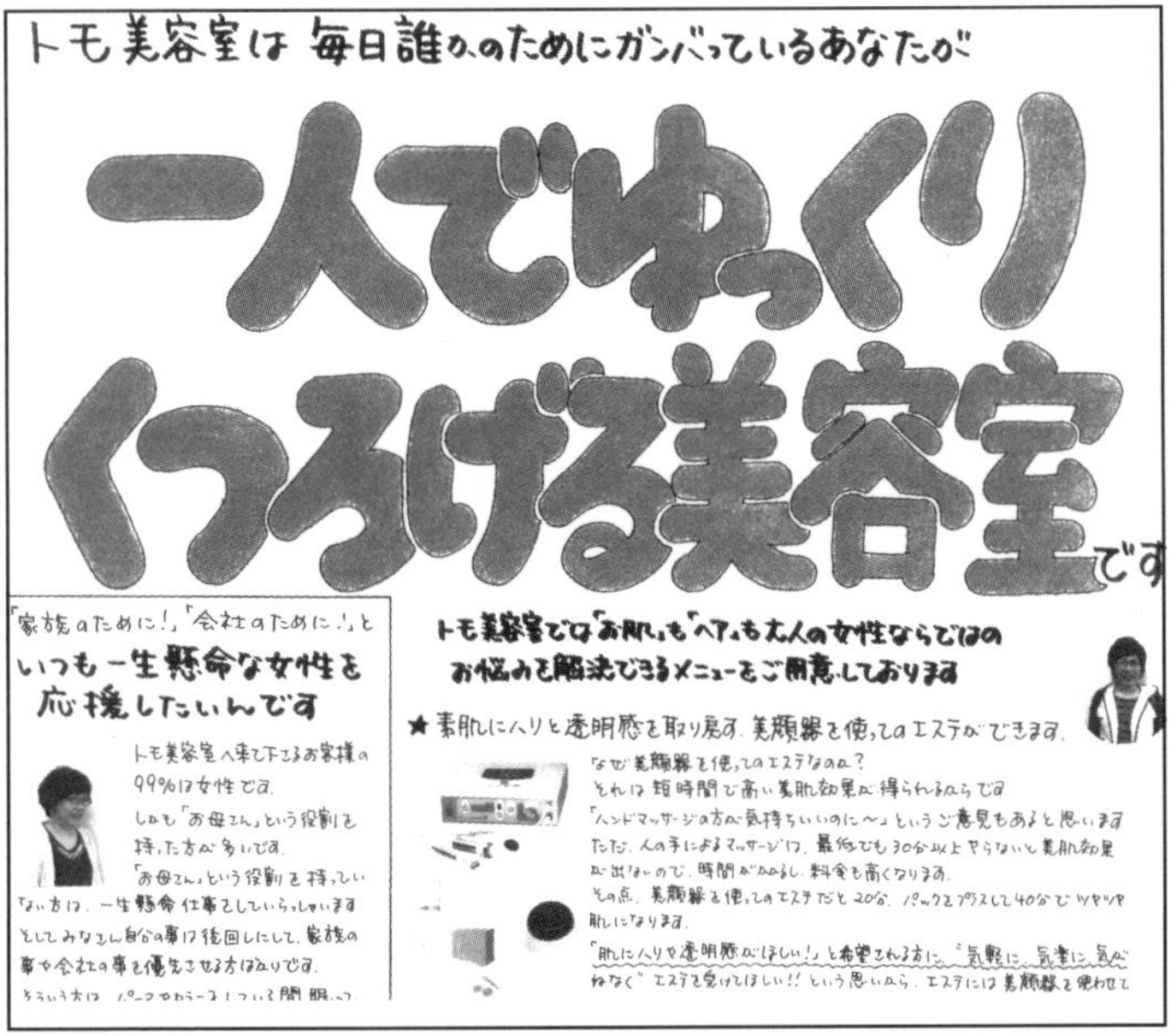

紙の縦使いの場合は、横幅に7～14文字が収まる程度がおすすめです。

目安は、本文の文字の大きさの5倍。そうすれば「へぇ～。これは何だろう？」と思った人が、本文を読んでくれます。

キャッチコピーを読んで、内容を期待した人が本文を読むので、本文には情報をしっかりと書きましょう。

本文の文字の大きさは、片手の幅に35文字程度が目安。

本文は、小さな文字だから読まないのではありません。興味がないから読まないのです。本文を読んでもらうためにも、キャッチコピーは圧倒的に大きく書きましょう。

4　紙面は、縦使いと横使いで伝えたいことを変える

ニュースレターは、ひな型をつくったほうが書きやすいですが、伝えたいことを変えたいときには、紙面の縦使いと横使いを使い分けるといいですよ。人には、視界によって読むクセがあるので、ニュースレターもその原則に沿って書きましょう。

1つの商品について語りたいときのように、伝えたいことがしっかりある、内容をきちんと読んでほしいときは、テーマを1つに絞って紙面を「縦使い」にします。

なぜなら、人は紙面が縦の場合は上から下へ順番に読むからです。このため、紙面左と右に二分割すると視線が下に行ってからもう一度上に戻るので読みにくく、内容の理解も低くなります。上から順番にその商品について説明したほうが、最後まで読んでもらえます。

そして、最後まで読んでくれたということは、読んだ人の頭の中にその商品についての情報が増えているということ。ですから、その商品を欲しくなっているという確率が高くなります。

一方で、商品をたくさん見せたいときは、紙面を「横使い」にします。これは、紙が横に広がっていると、人の目の視界の幅を超えるため、たくさんあると錯覚するからです。

例えば同じ商品数でも、縦使いと横使いの紙に載せると、横使いの紙面の方を商品が多いと感じます。

【図表 27　紙の縦使いダメなビフォー】

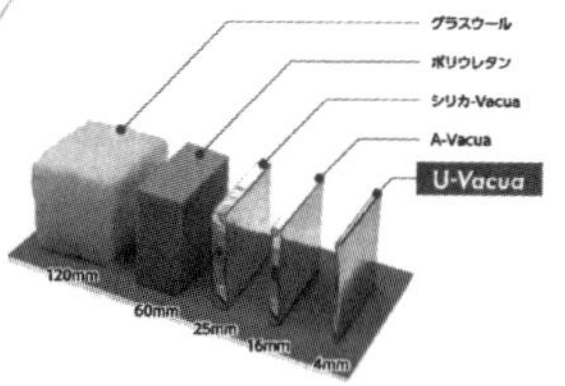

さらにパナソニックの冷蔵庫はエコナビという機能で省エネ性能をアップさせています。

ドアの開閉センサー・明るさセンサー・庫内温度センサー・室内センサー・収納量センサーの５つのセンサーで３週間分のドアの開閉　収納量の変化を記憶して　曜日ごと１時間ごとに分析予測して実際の使用状況に合わせて運転を決定します。
つまり　日中お出かけ時や夜お休み中は運転を限界まで弱くする、逆に朝食や夕食時はよく使うので予測して通常運転をするということを　冷蔵庫が勝手に設定もなにもなしでやってくれます。

朝ごはんのしたく

よく使うから通常運転

お出かけ中

使わないからエコナビ運転※1※2

夕ごはんのしたく

よく使うから通常運転

おやすみ中

使わないからエコナビ運転※1※2

２４時間３６５日休まず働いてくれる冷蔵庫ですが私たちは何もしなくても、私たちの生活パターンに合わせて　自動で節電をしてくれる　そんな優れものがパナソニックの冷蔵庫なんです。

次に使い勝手についてですが
私たちが一番伝えたい使い勝手は　なんといっても野菜室、冷凍室の引出が100％全開できるというワンダフルオープンについてです

今までの冷蔵庫は引き出しの機構がローラー式のため　たくさん食品がはいると引き出しが重くなって引き出す時によいしょっ！　ってかなり力をいれないといけなかったのですがワンダフルオープンはベアリング式レールを採用しているのでいっぱい食品が入った野菜室を引き出すのも指一本で引き出せるくらい楽々です

当社高耐荷重ベアリング式レール非採用機種

ローラー式

● 重さが一点に集中
● 長く使うと重くなる

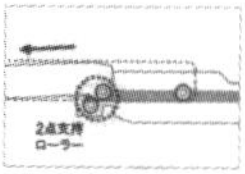

（イメージ）

当社高耐荷重ベアリング式レール採用機種

ベアリング式

● 重さを分散
● 長く使ってもずっと軽々！

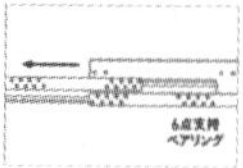

（イメージ）

このベアリング式レール　さすがパナソニックだなあと思うのが　20年間の開閉をしても重くならないという耐久性を持たせているそうです。
ものづくりに対する考えがしっかりしていますよね。さらにベアリング式を採用したおかげで100％全開できます。
つまり一目で野菜室や冷凍室の中に何が入っているかが見渡せるということです。
奥のほうに入ったまま　使い忘れたとか　奥のほうのものを探すのに前においてある食品を引っ張り出したりとかがなくなるということです。

【図表 28　紙の縦使いＯＫなアフター】

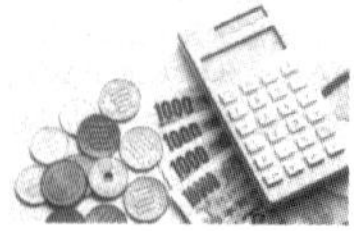

最新の冷蔵庫はなんと15年前比べて約68％以上も省エネです。

なんと!!　年間で18,400円　(月々1,530円)省エネになります。

毎月ステーキ肉二人分くらいは節約できますね～!

さらに車の燃費って年数がたつとだんだんと悪くなってくるのと同じで冷蔵庫も10年以上たつと消費電力は増えてきますので
実際はその差はもっとあると思います。


なぜそんなに省エネ性能があがっているんでしょうか?


冷蔵庫でどこが一番電気を使っているかというとコンプレッサーつまりモーターです。

　一度冷やした庫内の冷気が逃げなければドアを開けない限り電気代はかからないということになります。

　冷蔵庫は大きい魔法瓶と考えられるので各メーカー冷蔵庫の断熱について技術開発をしています。

パナソニックは冷蔵庫に高性能真空断熱材「U-Vacua」という断熱材を使用しています。断熱材というと住宅の壁に入っているグラスウールが有名です。　またウレタンも聞いたことがあると思いますがなんとパナソニックの高性能真空断熱材「U-Vacua」の断熱性能はグラスウールの 38 倍　硬質ウレタンフォームの 20 倍という驚異的な性能です

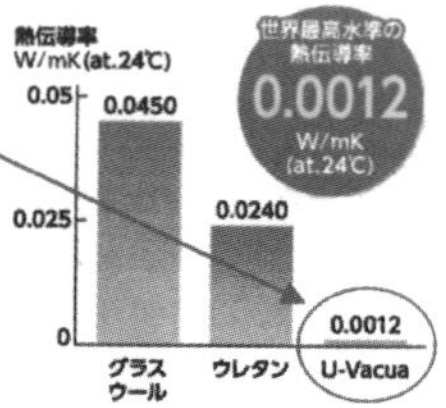

さらにビックリするのがその薄さ!!

グラスウールが12cm　「U-Vacua」は4mm
いくら断熱性のが良くてもぶ厚いと冷蔵庫が大きくなるか　庫内が狭くなってしまいます。
じつは　この高性能真空断熱材「U-Vacua」のおかげで外寸は同じでも
庫内の容量がアップしています。

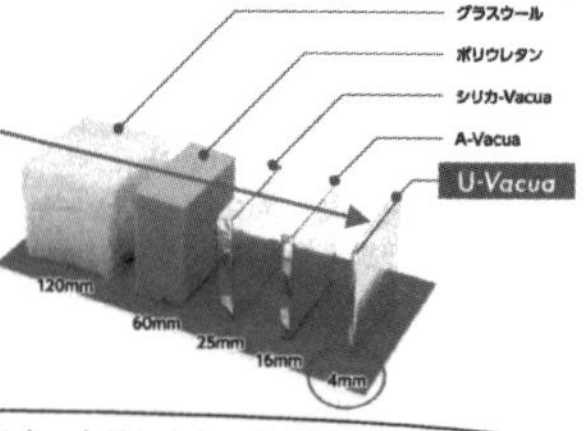

さらにパナソニックの冷蔵庫はエコナビという機能で省エネ性能をアップさせています。

ドアの開閉センサー・明るさセンサー・庫内温度センサー・室内センサー・収納量センサーの５つのセンサーで 3 週間分のドアの開閉　収納量の変化を記憶して　曜日ごと 1 時間ごとに分析予測して実際の使用状況に合わせて運転を決定します。

朝ごはんのしたく

よく使うから通常運転

お出かけ中

使わないからエコナビ運転※1※2

夕ごはんのしたく

よく使うから通常運転

おやすみ中

使わないからエコナビ運転※1※2

「たくさん商品があるから、見に来てください！」「新商品が入荷しました！　今年の流行りはこんなラインです」などの内容の場合には、紙面を横使いにしましょう。

紙面が横の場合、どこから読むかは人によって違います。何処から読み始めても意味が伝わるように、線を引いて小さくグループ分けするなど工夫をしましょう。

5　縦書きも横書きも、人の目の動きにあわせる

紙面に文章を書くときは、人の視線の流れを意識しましょう。縦書きなら右上から左下、横書きなら左上から右下に視線が流れるという基本があります。

この〝本流〟を意識して紙面を分割すると、読む人の視線をさえぎることなく、思考の流れをスムーズにするので、理解されやすいニュースレターができます。

本も新聞も、縦書きの文章は右上から始まりますね。縦書きの場合、人の視線は右上から左下に向かって動くからです。

だから、縦書きのニュースレターは、右上から左下に向かってメインの文章を書きます。縦書きでは、左上と右下は視線が通らないので読みにくい。だから、左上と右下は枠で囲って別の文章を書いたり、イラストを配置すると読みやすいです。新聞は左上に４コマ漫画がありますが、それは視線の流れの原則に沿っているからです。

横書きの場合には、縦書きとは反対で、左上から右下へ向かって視線が動くので、その部分に伝えたい本文を書きましょう。

横書きでは、右上と左下は視線の流れの外になるので、本文とは別の文章を入れます。がっちりと枠で囲まずに、線を1本引くだけでも、別コーナーに見えます。縦書きと横書きを組み合わせて書く場合は、縦書きを上に、横書きを下に配置すると、比較的読みやすい紙面ができます。

【図表29　縦書き紙面】

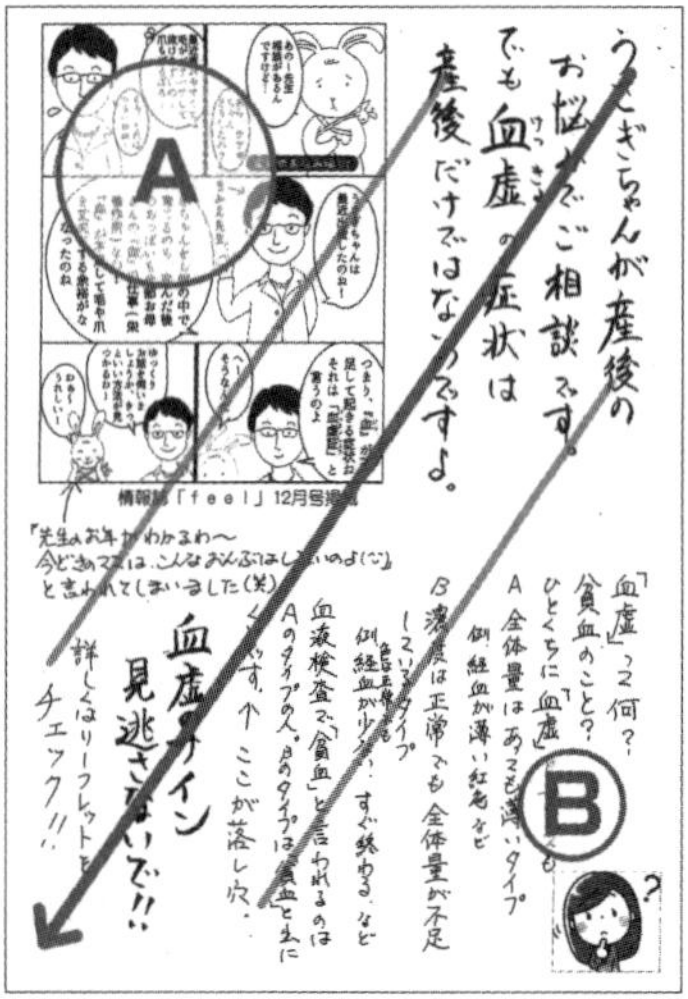

【図表30　横書き紙面】

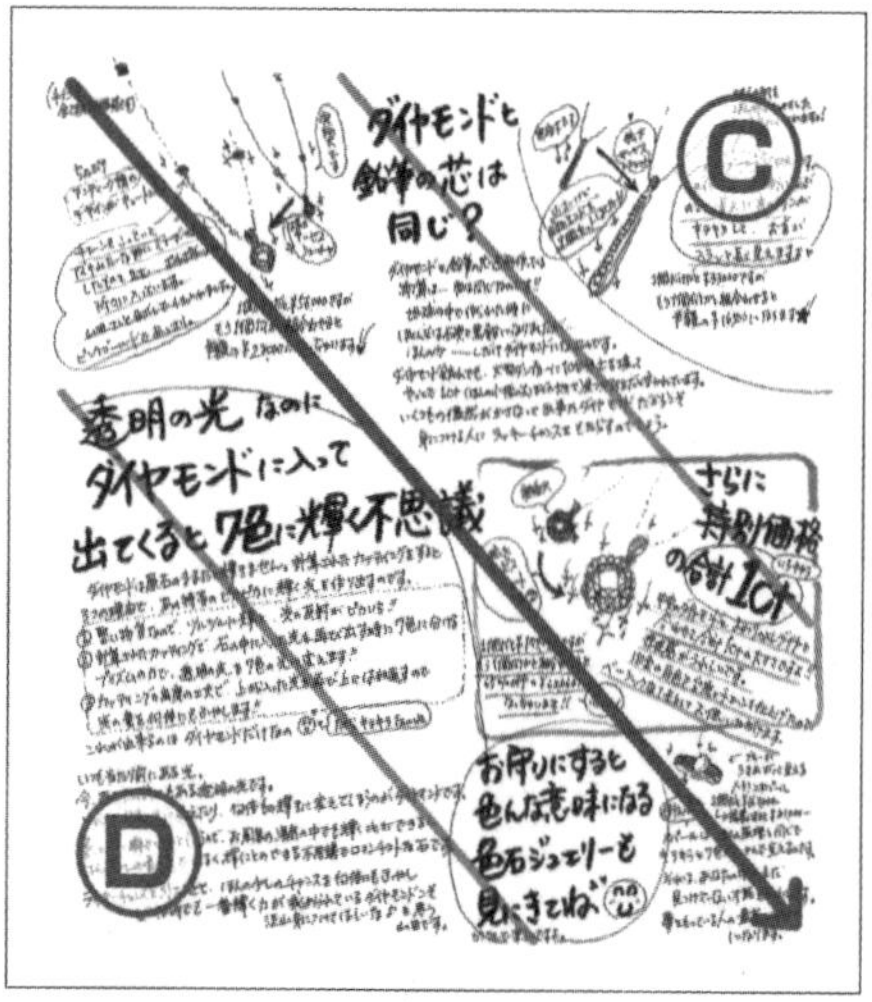

【図表 31　縦書＆横書紙面】

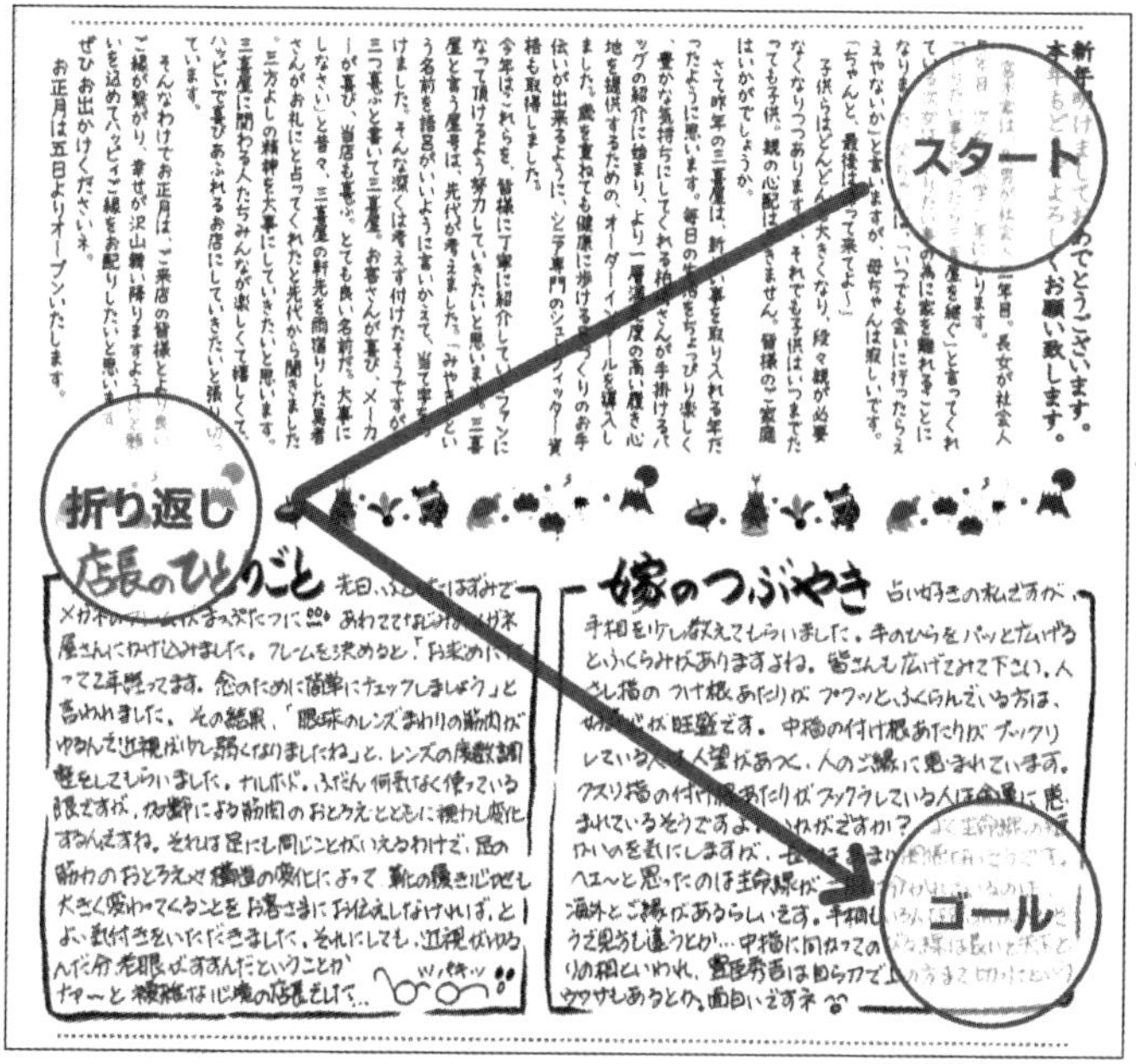

人は紙面を見はじめるときに、まずは目立つ部分を拾い読みして、興味のあることが書いてありそうだなと思うと、最初に戻って細かい部分を読み直すクセがあります。

　ですから、キャッチコピーや、途中の小見出しは太い文字にして目立たせましょう。

　後半にも意識して小見出しを太文字でいれることで、一度は紙の上に視線を走らせてもらえるので、興味をもってもらえる確率があがります。

　大切な言葉は太いペンで書くことをお忘れなく。

6　吹き出しで囲めば2回インプットされる

漫画に使われる「吹き出し」は、日本人の脳にとてもなじみがあります。

日本には、江戸時代から漫画の文化があるからです。吹き出しに写真や似顔絵を添えれば、誰の言葉なのか、主語が誰なのかが明確になります。

読む人の記憶に刻まれる簡単な方法です。

例えば、顔写真に吹き出しをつけるだけで、写真の人がセリフを喋っているように見えます。だから、文章を目で読んでいるだけなのに、その文章が声になって耳に聞こえてくるのです。

これは、文章を読んでいる人の脳が、勝手に写真の人の声を想像するからです。よく、漫画が原作の作品がアニメになると「この声優の声は自分のイメージと違う」という人がいますが、それは原作を読んで、頭の中で勝手に声のイメージをつくり上げているからなのです。

同じことが書いてあっても、吹き出しで囲ったものと囲わないものでは、脳にインプットされる方法が違います。吹き出しのほうは「読む&聞く」の両方で理解することになるのです。脳内の視覚に反応する部分だけではなく、聴覚に反応する部分にも響くからです。だから、読んでいる人の頭の中により強烈にインプットされます。

ただし、吹き出しが多すぎると、読む人によっては「うるさい」と感じるので、気を付けましょう。

【図表 32　吹き出しキャッチコピー】

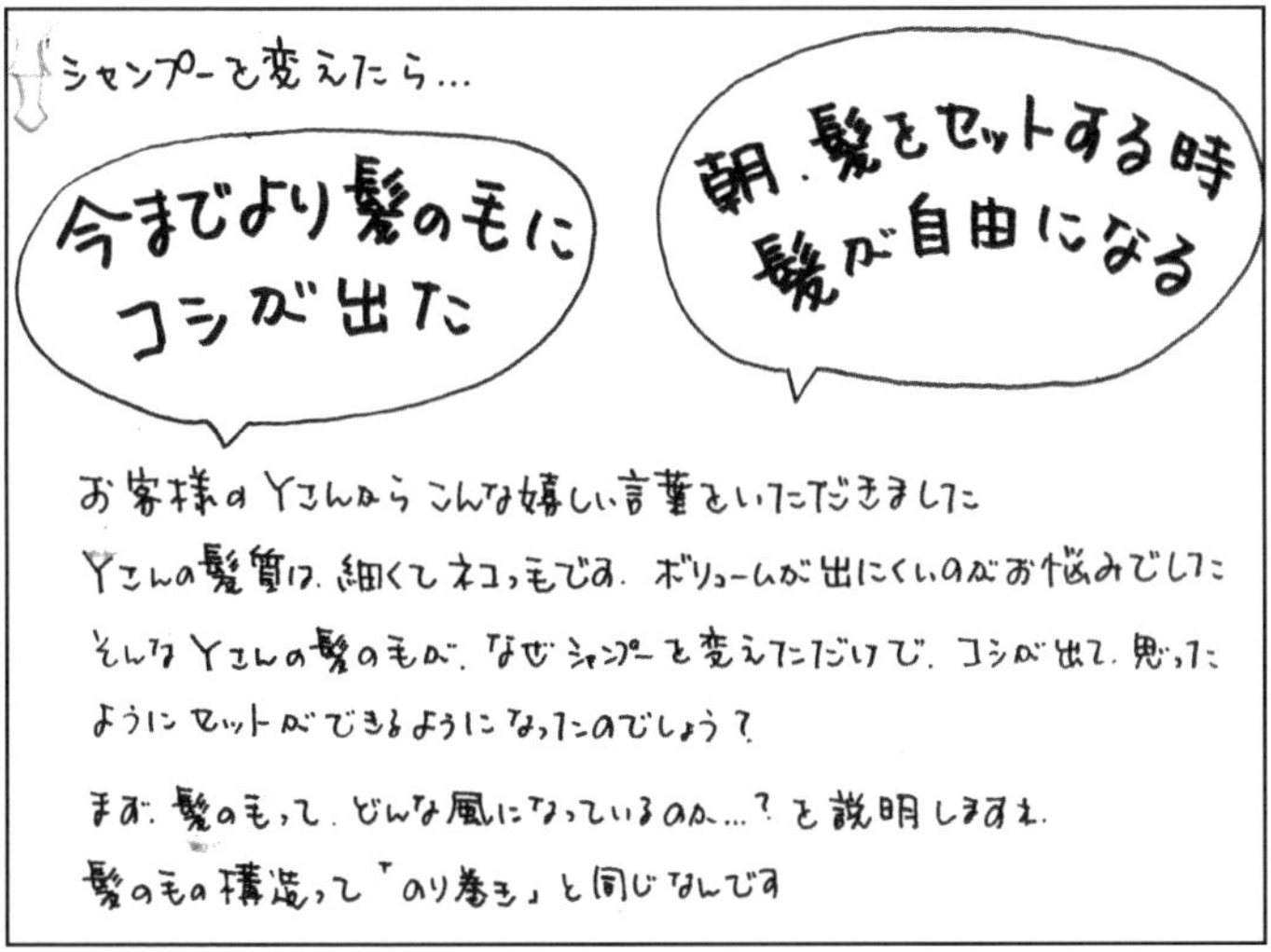

ある美容室では、シャンプーを購入してくれたお客様から「今までより髪の毛にコシが出た」と嬉しい感想をいただきました。こうした店頭での「お客様の声」は、ニュースレターのネタにピッタリです。

従来は商品成分特徴を「○○成分がたっぷり！」などとタイトルにしていましたが、ここを「お客様の声」に変えたニュースレターをつくりました。店頭でのお客様との出来事を紙面に再現すると、お客様の反応が良くなります。

特にお客様が言われた言葉をそのまま使うのがコツです。もし、方言でいわれたら、それもそのままに書きましょう。なぜなら、人はいつも自分が使っている言葉にこそ反応するからです。そして、自分も使う言葉が吹き出しで囲んであったら目が釘づけになり、細かい文章もきにならず読み進みやすくなるのです。

7　線があれば分けられる、矢印があれば誘導される

人は「線」には逆らえないクセがあります。矢印がその代表で、人の視線は矢印の方向に誘導されます。だから、紙をめくってほしいとき、次ページを読んでほしいときは、紙面の最後に矢印を書きましょう。そうすると、次を読んでもらえます。

あまりにも多用すると、どこを読めばいいのかわからなくなるのでよくありませんが、1ページに1個くらいは矢印を使ってもOKです。

商品説明をするときも、矢印があったほうが伝わりやすいです。

例えば、「足が長く見えるパンツ」を紹介する場合。

以前は、商品を正面から書いたイラストだけで、言葉で説明していたのですが、実際に着用したイラストに変え矢印も描いてみました。すると、言葉で説明していたときよりも、お客様からの反応が何倍もあったのです。矢印を描いただけで伝わった証ですね。

「ガイドライン」と言われるように、人は線に沿って視線を走らせます。線が適度に入っていないと読みにくく、線がありすぎると悩みます。

線が引いてあると、隣同士は違う情報だということを認識することができます。情報1つに線を使って区切りましょう。ニュースレターの「線」というと、囲み枠のような線と思う人もいるかも

【図表 33　矢印入りのイラスト】

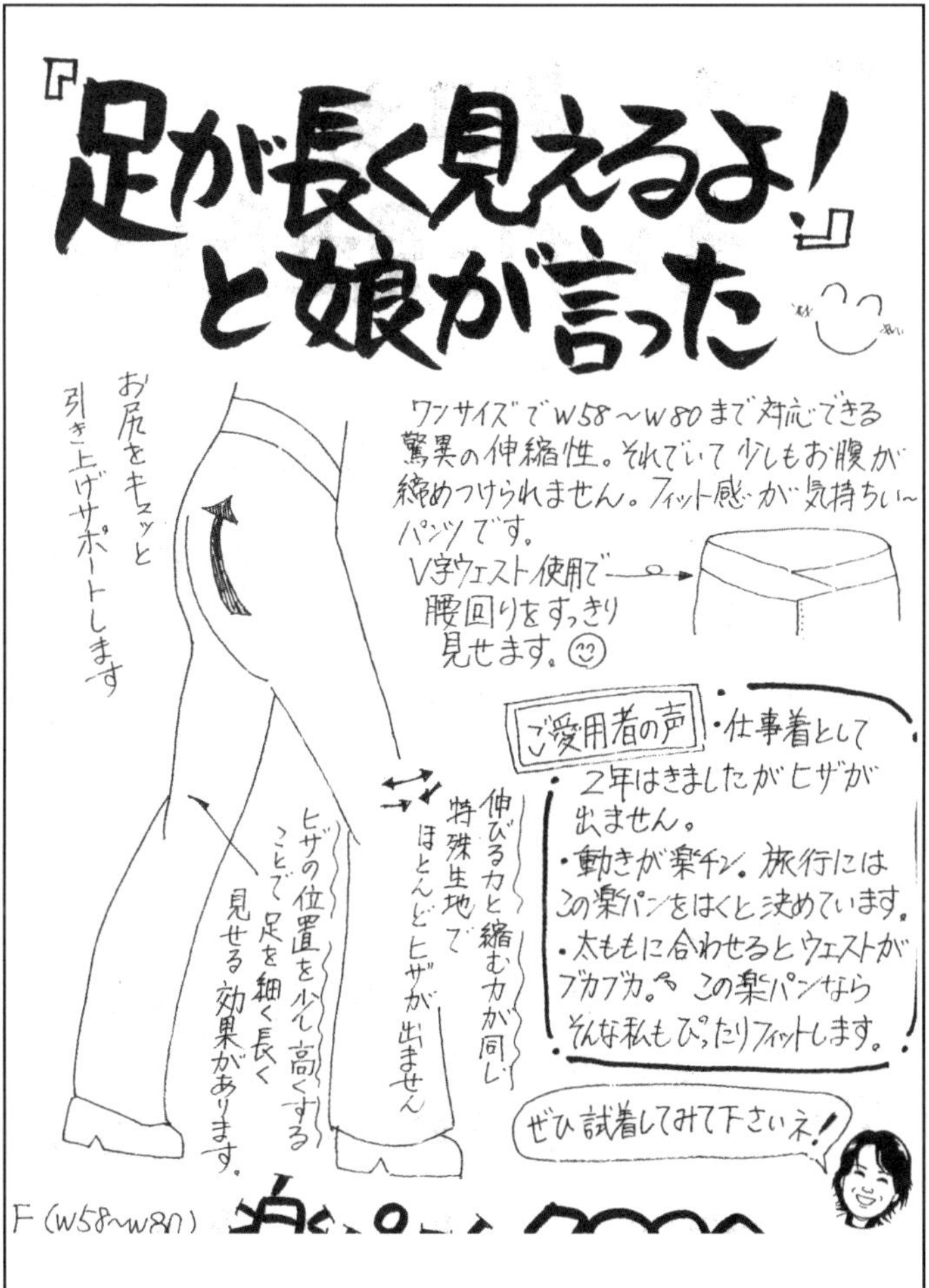

しれませんが、文字の並びも一直線なら線に見えます。そう考えると、余計な線は必要なくなり、紙面がスッキリとして読みやすくなります。

例えば、6人のスタッフがそれぞれにあいさつを書くような場合は、1つひとつを囲み記事のように線で囲うと6つの記事になり、情報がたくさんあるように見えます。

縦使いの紙面なら縦線を1本入れて1ページを2つに分け、半分につき3つの記事を横書きで書けば、1つの情報が6つのパートでできているように見えて、読みやすくなります。

図表34と図表35をご覧ください。

ニュースレターの線は、いわばお弁当の仕切りのようなものです。

仕切りが全くないと、ご飯もおかずも混ざってしまいます。

一方、松花堂弁当のようにたくさん仕切りがあると、おかずの種類が多いように感じます。

仕切りの多いお弁当なら「おかずの種類がたくさんで楽しい」と思いますが、読むものとなると「情報がたくさんあって大変そう」と思われるかもしれません。

そういう懸念があるときは、仕切りを減らして「1つの情報ですよ」と見せたほうが、抵抗なく読み始めてもらうことができます。

線を適度に減らすことで、情報量は多くなくて読みやすいと錯覚してもらうことができるのです。

【図表 34　線を使う①・情報を多くみせる】

スタッフより

Kinokuniua since 1660

メッセージ

湘南買取男　きー坊

今年も紀伊国屋をご利用頂きまして心から感謝いたします。藤沢店に移動して早1年…リピーターのお客様の顔とお名前がやっと一致する様になりご来店時には会話も弾みついつい長話しとなり楽しい時間を過ごさせて頂いております。今年の仕事での驚きは、亀戸本店のお客様が藤沢店へ電車に乗りご来店頂いたことがただただ感激でありがたい事でした。来年もお客様に感動を与えられる様に努力します。

広島出身　やっぴ～

私、今年は厄年でしたが、広島カープが25年ぶりにリーグ優勝し、良い年となりました。（前田健太投手がいないのがなんかかわいそうですが…）優勝した時には、私特製！広島風お好み焼きパーティで、家族でお祝いしましたよ！広島LOVE＆PEACE！！
来年は鳥年。皆さん、一緒に羽ばたきましょう！

亀戸店ノッポさん！あ～さ～

♪もうい～くつ寝るとクリスマス～♪
1年で一番皆が、笑顔になるクリスマス大事な方へのプレゼントは、決めましたか？もし「まだ決めてない…」という方ならご相談にのりますよ！ピッタリな素敵なプレゼントを見付けます！もちろん一年頑張った自分へのご褒美もお探しになってはいかがですか？

亀戸レジェンド　ゆっぴー

今年はいろいろとアクシデントがあり、私にとっては変化に富んだ一年でした。4月に前歯2本を折り、8月は掃除してる時、手を怪我して2針縫いました。年々、歳を重ねるにつれ、いろんな事があります。今年を一文字で表すと、災難の「災」かな～？来年はもっと元気に、買取、販売に集中できるよう、日々の行動に気をつけたいです。みなさんはどんな年でしたか?

時計博士　ハカセ

早いもので、もう年末になりました、
今年もお客様方には本当にお世話になり従業員一同、心から感謝を申し上げます。2017年もどうぞよろしくお願いいたします！　来年は酉年ということで、紀伊国屋も、私自身も高く羽ばたける年にできたらいいなと思っています(笑)
年末年始、健やかに楽しくお過ごしください！(^^)/

編集後記　ちょーさん

今年のクリスマスイルミネーションは面白い物をディスプレーしてみました。
毎年大きくしていこうかと思っていますが、少しずつ増やしてみますのご期待下さい。
是非、店頭で写真を撮って下さい。

来年もよろしくお願い申し上げます。

いつも元気！　まっちゃん

今年も早いもので、年末のご挨拶をさせて頂く時期にありましたね～！
冬はこれからが本番！寒いと思うので、夏に引き続き生姜たっぷりとたまに栄養ドリンクを飲みながら風邪をひかないように頑張って行きましょう！
忙しい年末と思いますが体に気を付けてお過ごしくださいませ。
来年も笑顔いっぱいで頑張りますのでよろしくお願いします。

【図表 35　線を使う②・情報をスッキリみせる】

スタッフ 紙ブログ

～一人一人の出来事～

広島の高校卒業　やっぴ～

わたくしの家ではただいま、庭いっぱいに野菜畑が広がっています。
5月の中旬の休みの日に、小1の娘と一緒に開墾して種まきや苗を植えたりと、頑張りました！
ナス、トマト、キュウリ、トウモロコシ、スナップエンドウ、ピーマン、バジル、シソ、カボチャ、スイカ、今年はメロンにも挑戦！ちゃんと実がなるのかな～？
一緒にひまわりの種も植えたのですが成長が早くて、すぐに娘の背を超えてしまいましたよ！収穫が楽しみです！

亀戸レジェンド　ゆっぴ～

久しぶりに草津温泉に行ってきました。いろんな温泉に行きましたが、やはり草津温泉が一番いい温泉だな～と確認しました。
ただ、私は血圧が高いのであまり長湯ができないのが残念! 草津温泉は温度が高いのでぬる目の所に入るのがおすすめです。
宿泊したホテルは大きい所でしたが、仲居さんも販売店の店員さんも、レストランの人達も皆さん感じが良く、笑顔いっぱいで、こちらも自然と笑顔いっぱいになってしまいました。
当店も笑顔いっぱいで皆さんをお迎えしたいと思っております。笑顔見にいらして下さい(^o^)ノ

背高ノッポ！あ～さ～

心も体もウキウキな夏までもう少し！憂鬱な梅雨も1ヶ月の我慢です。
湿気にメチャクチャ弱い自分は、どうしたら快適になるかをこの時期ずっと考えています。
この時期は、部屋の換気が大事です、外より室内の方が湿気が多いので雨が降っていなければ、出来るだけ通気imをよくすることが少しでも快適に過ごせます。
換気時は、必ず空気の出入りを考え、2カ所開けて、戸棚なども開けておいた方が良いみたいです。

いつも笑顔！　まっちゃん

暑さが日ごとに増してまいりましたが皆さまはいかがお過ごしですか？
これから長雨が続くと思うとちょっと気持ちが落ち込みますが…そういう時こそレインコート着て長靴はいてあじさいを見に行ってください！
オススメスポットは向島百花園です！こちらでは他であまり見られない品種のあじさいがあります。
梅雨で運動不足になりがちになると思いますが、皆さま体にはくれぐれもお気をつけてください！

時計博士　ハカセ

6月ですね！もう2017年の半分が終わってしまったのかと思うと時間が経つ速さに驚きです…。
さて、6月といえば梅雨です。湿気の季節です。綺麗な紫陽花には雨が似合いますが、ブランドバッグやパールには湿気は大敵です。
カビが発生したりバッグの内側がベタつく原因になったりといい事がありません…。
しまいっぱなしのバッグなどがあればぜひ出して換気をしてあげて下さい。
中に新聞紙を入れたりするのは逆に良くないそうです。
大切なバッグを長持ちさせて下さいね！

ホームマスター　き～坊

施設紹介チームのこれからの悩みは…梅雨も本格的に入り外回り営業では真夏の次に辛い雨と蒸し暑さのダブルパンチの季節となりました。
この時期に良い物とは…？
梅雨の時期には「お酢」が良いとされており酢に含まれる酢酸やクエン酸には、食中毒菌の増殖をおさえる働きがあり、疲労回復にも抜群！お酢を毎日少しでも摂取して今年のジメジメを乗りきりましょう！

8　絵が下手でも大丈夫。イラストを上手に見えるように書く方法

ニュースレターで、自分が伝えたいことをスムーズに読む人に伝える工夫として「手書きイラスト」があります。しかも、イラストは下手なほうが味わい深く、温かさも伝わります。ぜひ活用しましょう。

手書きイラストというと難しそうですが、落書きで十分です。簡単に書ける「ヘタ味落書き」のコツは、次の４つです。

①表情のある顔イラスト＋吹き出しセリフ。
②線の太さにメリハリをつける。
③囲みや矢印など「直線」を書く。
④先に落書きをして、余白を手書き文字で埋める。

手書きイラストは、まず「目」を書きましょう。

人は、点が３つあれば「顔」だと認識します。だから、目と口の描き方で表情をつくることができます。パソコンや携帯の「顔文字」の要領ですね。それに吹き出しをつければ、セリフとして捉えてもらえます。人は、顔に目を引きつけられます。文字ばかりのニュースレターは、退屈で読んでもらいにくいですが、顔があるだけで気軽な感じがするので、読まれやすくなります。

【図表 36　顔で感情表現】

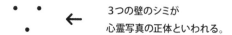

☆感情をあらわす顔文字＋《プラス》吹き出し

・人は点が3つあれば「顔」だと認識します。

 ← 3つの壁のシミが
心霊写真の正体といわれる。

つまり、「目と口」を顔だと認識するわけですから、
「目と口」の書き方で表情がつくれます。

 ← 曲線を曲げると笑顔

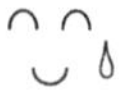 ← 汗を足すと、伝えにくいことも
伝えやすくなる。

 ← とんがった心を表すツンツン顔

 ← 困り顔

 ← ビックリ顔

固い文章に、顔の表情をつけるだけで
書き手の想いが、ぐっと伝わりやすくなります。

【図表37　メリハリのある文字】

商品をイラストで描くと、読んだ人が「実物を見たい」と思うので、来店を促します。商品に吹き出しをつけて、商品特徴などを商品に語らせてみましょう。

大きな文字は太い線で、中くらい、細いと3つのペンを使い分けるとメリハリがつき上手に見えます。

「人は矢印に逆らえない」ので、イラストにも矢印を使ってみましょう。

矢印の代わりに目玉を描いても、同じ効果が得られます。

注目させたい部分を見ている顔を描けば、読む人の注目度がアップします。

紙面に配置する際には、先にイラストを描いて、残った余白に手書き文字で補足情報を書きます。

イラストのように大きなものから紙面

【図表38　矢印とグレー入り】

に配置したほうが、全体のバランスが取りやすくなり、上手に見えます。また、イラストに奥行きをつくると上手に見えます。

手書きの場合は、商品や顔の影になる部分をグレーでなぞるだけでも、立体感が出ます。

それでもイラストは苦手という人は、2つの物を用意してください。1つ目は「こんなイラストが描きたいな」と思う写真、2つ目はトレーシングペーパーです（薄く半透明に透ける紙です。文房具店でさがしてみてください）。

写真にトレーシングペーパーを重ねて、透けて見える輪郭をなぞれば、あっという間にイラストが上手に描けますよ。描けた輪郭にそってハサミで切り取り、ニュースレターを書く原稿に貼り付けてから文字を書きましょう。線がつぶれると描きにくいので、一定の太さで描けるシャープペンシルか水性ボールペンを使いましょう。

第5章

自社のファンを10倍ふやす効果的な「ニュースレター」の送り方

1　名簿の集め方3ステップ

名簿にお客様の名前と住所を記入してもらわなければ、ニュースレターは送ることができません。

だから、名簿を集めることは何よりも大事なこと。

でも、その名簿を集められない店が多いのも事実です。

人は、未来に不安があると絶対に「イエス」とは言わないものです。例えば、モノを買うときに「私が使っても壊れないかな?」「消耗品はどこで買うの?」「保証はどうなっているの?」と不安がいっぱいのとき、お客様はその商品を購入しません。

お客様が名簿への記入を嫌がるのは、店に買い物に来たはずなのに、いきなり店員から「名簿に名前と住所を書いてください」と言われるので、「私の名前と住所を何に使うの?」と不安に思うからです。

このようなお客様の「未来への不安」を消してあげると、顧客名簿がつくりやすくなります。

そのためには事前に用意するものが2つあります。

★「名簿記入用紙」

★名簿を使って送るニュースレターなどの「実物サンプル」

店員がどんなに口頭で説明しても、お客様は実物を見たことがないので、理解しにくいもの。だから「こういうものをお送りしますので」と予め用意しておいたサンプルを見せます。記入用紙と実物サンプルを用意したら、次の３ステップで記入してもらいましょう。

①お客様の得を伝える。
②実物を見せながら、断り方を教える。
③記入用紙を出す。

①お客様の得を伝える

まず、お客様が名簿に記入するとお得になることを伝えます。

私はこの方法で名簿数80名から１０００名以上の名簿を集めました。店頭でコツコツ２年かかり集めました。時計の電池交換に来店するお客様が多いので、「電池交換後、１か月以内に時計が止まった場合には、返金システムがあります。こちらの名簿にご登録いただければＯＫです」と、さり気なく記入用紙を出しました。

そして「良い物が少数だけ入荷するときや、チラシには載せることができない特別なお得情報のときだけ登録者様に優先的にお知らせしています。ほとんどの方が希望されますので同じようにお送りしましょうか」と伝えました。

この方法を、あなたの店にも応用してみてください。お得を伝えるときに「だけ」と限定的な言葉を使うのも、スムーズに名簿が取れるノウハウの１つです。

②実物を見せながら、断り方を教える

お客様が名簿へ記入するとお得になることを伝えても、「でも、ダイレクトメールってたくさん来るし…」と悩む人もいます。そういう人には、実物サンプルを見せながら「断り方」を教えます。「このような情報紙の状態でお送りしますが、要らなくなったらお電話ください。すぐに止めます」と伝えるのです。

そうするとお客様は「それなら、一度送ってもらおうかな」と思います。

③記入用紙を出す

ニュースレターの断り方を教えると、たいていのお客様は納得します。

そこで、すかさず「こちらへ記入してください」と記入用紙を出します。余計な感情は交えず、サクサクと進めましょう。

中には、この3ステップを踏んでも記入しないお客様はいるので、必ず書いてもらえるわけではありません。でも、「ご登録ください」と声をかけることで、名簿を集められる確率は間違いなく上がります。

名簿を集める際に「個人情報をいただくことになるけれど、いいのかな…」と考えすぎている店も多いですが、名簿に名前や住所を記入するかどうかを決めるのはお客様自身です。

お客様が同意してくれれば、店側がオドオドする必要はありません。

【図表39　名簿記入用紙タイトル】

保　証　控			H　年　月　日
ふりがな お名前		生年月日	T・S・H 年　月　日
ご住所	〒		
電話番号			
メールアドレス			

2 お客様の得を名簿タイトルに入れこむと記入率が上がる

あなたの店の顧客名簿には、タイトルが書いてありますか？

お客様の名簿を集める際に最も大事なのは、名簿のタイトルなのです。タイトルに「お客様の得」を入れこむと、記入してもらえる率が上がります。

もし、「顧客名簿」などと書いてあったらアウトです。顧客というのはいかにも経済用語ですし、タイトルを見たお客様が「私はこの店の顧客なのね」と思ってしまうので、記入しにくくなります。

では、どんなタイトルがいいのでしょうか？

前出の、電池交換のために来店したお客様から１０００名以上の名簿を集めたときには「保証控」というタイトルにしました。

ここで「名簿を集める３ステップ」をおさらいしましょう。

①お客様の得を伝える、②実物を見せながら、断り方を教える、③記入用紙を出す、ですね。

この事例では、①は「電池交換後、１か月以内に時計が止まった場合には、返金システムがあります。こちらの名簿にご登録いただければＯＫです」とお得を伝えました。つまり、名簿のタイトルは、①のお得情報と連動させておけばいいのです。

お客様の前に記入用紙を出して、名簿のタイトルを読めば、それがそのまま「お客様のお得情報」になります。「保証控」ですから、店員はお客様に対して「優先的に返金させていただく控えです」と、タイトルをそのまま説明すればいいので新人でもできます。

「名簿を集めるために、何とかしてお客様と上手に話さなければ」と悩む人がいますが、タイトルをそのまま読むだけですから、上手に話す必要はありません。採用したばかりのアルバイトでも、名簿を集めることができるようになるのです。

また、名簿を集める際に記入用紙を見ながら話ができると、良いことがもう1つあります。それは、お客様の顔を直接見なくとも済むので、お互いの緊張度が下がり、伝えるほうはしっかり伝えられ、聞く方もリラックスして聞けるので理解が深くなります。

例えば、テーブルやカウンターに、チラシやニュースレターなど何かしら「紙」があると、お客様も自然に店員の顔ではなく、紙を見ながら話ますよね。お互いの間に紙が1枚あるだけで、店員もお客様もお互いに気がラクになるのです。人は、あまりよく知らない人の顔を見て話すのは、緊張度が高くなるので難しいものです。毎日いろいろなお客様に接している店員は、日常なので自然にやっている人もいるかもしれません。でも、名簿集めに慣れていない店員は「1人でも多くの名簿を集めなればならない」と緊張しています。

そして何より、お客様は「この人から何か売りつけられるかもしれない」と思って緊張しています。よく「店の敷居が高い」という言い方をしますが、店内はいわば店員のテリトリーです。来店したお客様は、他人の領域に踏み込んでいることになるので、緊張するのは当然のことです。お客様の緊張度を下げなければ、名簿に記入してもらうこともままなりません。

お客様の緊張度を下げて、お客様に伝えたいことを伝え、名簿に記入してもらう。

そのためには「お客様の得」を名簿タイトルに入れこんだ記入用紙があればいいのです。記入率を上げて、より多くの名簿を集めましょう。

3　いつから出すの？「初回号」で長く読み続けてもらえるかどうかが決まる

お客様から名簿に名前と住所を記入してもらったら、いつからニュースレターを送っていますか？　ほとんどの人はあまり深く考えていないかもしれませんが、実はニュースレターをいつから送るのかというのは、とても大事なことなのです。

「毎月１日に発行なので、１日から送る」というように、店側の都合で送っていることが多いと思います。

この場合、お客様が名簿に記入した日がその月の５日頃なら、ほぼ１か月後に初めて、お客様のところにニュースレターが届くことになります。あなたがお客様の立場になったとき、買い物に行った店の店員から「お得な情報を送りますね」と言われて名簿に名前と住所を記入したとします。それなのに、いつまでもその情報が送られて来なかったら、どう思いますか？　がっかりしますよね。せっかく名前と住所を記入してくれたお客様をがっかりさせないように、お客様が名簿に記入したら、すぐにお礼の手紙を送りましょう。

そのためには、ニュースレターの「初回号」というものをつくっておく必要があります。初回号は、自店のニュースレターの発行日かどうかに関わらず送ります。

では、初回号には何を書くべきでしょうか？　初回号というのは「あなたとお付き合いを始めたいです」というあいさつです。ニュースレターの大きな目的は好意形成。仲良くなろうとしているのですから、まず必要なのは自己紹介です。

自己紹介といっても、初回号で大事なのは、自店がどんな店で、どのようにお客様の役に立てるのかという「店の自己紹介」です。

まず、自店で扱っている商品やサービスの紹介。価格の一覧表があればその表や、予約が必要な店なら予約の取り方など、お客様にとって必要な情報も書きます。それから、他のお客様はどのように自店を使っているのかという「お客様さまの声」を載せるのもいいですね。

これからあなたがお客様と仲良くなるのは、お客様と友達になるためではありません。商品を買ってもらうため、お金を払ってもらうためです。だから「お客様は当店で何に対してお金を払うのか」

をはっきりと伝えておきましょう。

店の自己紹介とともに、社長や店長、もしくはニュースレター担当者などの自己紹介を書きます。人は、誰が言っているのかわからないことは信じません。だから、ニュースレターは誰が書いているのかを明確にすることが基本です。

行政がつくる事務的な書類のように「主語がない手紙」は、お客様に送るものとしては適していないので、写真などできちんと顔を出して「私が書いています」と自己紹介しましょう。

また、初回号には「毎回このようなお手紙を送らせていただきます。届いたら、お暇なときに読んでみてくださいね」「受け取ってもらえるとうれしいです」などの一文を添えるのを忘れないでください。ニュースレターを読むことは強制ではないことを表します。

この一文があることで「読むか読まないかはお客様が決めていいんですよ」という、お客様自身が選ぶことができる自由度があることになるのです。そうすると「あら、そう？　それじゃ、読んでみようかしら」と、次号以降もすんなりと読んでもらうことができます。これがニュースレターを読み続けてもらえる秘訣です。

お客様から名前と住所を記入してもらったら、すぐに自店の自己紹介を書いたニュースレターの「初回号」を送ること。

そして初回号の次から、通常の発行日にニュースレターを送ってください。最初に送られてきたニュースレターは、店の印象そのものになりますから、思いを込めましょう。

【図表 40　ニュースレター初回号】

数ある靴屋の中から三喜屋靴店を選んでくださり有難うございます。

私たちが大切にしたい事や、なぜこんな靴屋をしているのか自己紹介します。

まずは、三喜屋靴店　誕生物語を・・・

先代が1952年に瑞浪の駅前で和装履物の店を開業しました。当時、お客様が選んだ鼻緒と台を、足の特徴に合わせてすげていました。自分の足にぴったりと合い気持ちよく履けるので、「下駄は三喜屋さんのすげたものでないと」と喜んで頂いていました。

二代目の私は時流に合わせて品揃えを和装物から靴に移していきました。並べた靴を自由に履いて頂き、「オシャレでしょ。とてもお似合いですよ」とファッションや流行を一番に考えた靴の売り方をしていました。

そんな二〇年前のある日・・・

どんな靴を履いても痛くて歩けない・・・」

というお客様が現れました。今でこそ目にも耳にもする「外反母趾」の足がそこにありました。初めて見るその足に私達はどうする事も出来ず、申し訳ない気持ちで一杯になりました。

この出会いが「なぜ、あのような足になるのか？どんな靴だったら履けるのか。」と考えさせられるきっかけでした。

1993年、「シューフィッター」という資格と出会いました。「足と靴の専門知識を持ち、既製品の靴を足に合わせる専門職」のことです。

あの外反母趾で悩んでおられたお客様のお役に立てるかもしれない…そんな思いで夫婦して資格取得のための勉強を始め、1995年に上級シューフィッターの資格を取得しました。（岐阜県下で上級シューフィッターは私ども二人のみです）

足と靴が健康と密接に関わっている事を知り、今までいかに足をないがしろにした販売をしていたのかを思い知らされました。

その時以来「お客様の大切な足を守る靴屋になる。足が喜ぶ、歩く事が楽しくなるような靴を選び足に合わせる靴屋になる。」と決めました。

靴は、合った人の足に履かれてこそ履き物として完成する商品です。

靴はファッションの一部でもありますが、歩くための道具です。道具が合っていなければ足を傷めてしまいます。

例えば、メガネを買う時、先ず専門家の所で視力を測定し自分の目に合ったメガネを選びますね。薬も専門家に自分の症状に合った薬を選んでもらいます。それと同じ様に、靴も足に合っていなければその良さを発揮しません。

誰かの為に生れてきた靴を一番喜んでくれそうな人の足に合わせる。お見立てする事。それが私達シューフィッターの仕事です。（メガネや薬と同じ。合ってなくちゃ意味がないですもんね）

三喜屋は靴を主役にしません。それを履いて歩くあなたの足を主役に考えます

だから、お客様の足と靴の悩みをお聞きする、足を拝見し計測する時間を大切にします。

シューフィッターの資格を取って二〇年。生きている足に靴を合わせる難しさを感じながらも、お客様の足と靴の悩みに精一杯向き合ってきました。

そんな中で一番うれしい瞬間は、お勧めした靴を履いて頂いた時の「うわっ、痛くない！こんなにラクに歩けるなんて」「うふふっ。どこまでも歩きたくなるね！」と、おっしゃって下さるその笑顔を見る時です。

履き心地の良い靴は人を笑顔にすると教えられました。

その笑顔に支えられ今までやってこられた事、本当に感謝しています。

そして、もっと多くの人に、笑顔広がる心地良い世界を伝えたい。履き心地の良い靴選びのお手伝いを通して三喜屋に関わる人達の人生がほんのちょっとでも楽しくて健康で豊かになったら嬉しいです。

「あの店、な～んか良いんだよ」と心に刻んで頂けるよう、ご縁を頂いたあなた様のお役にたちたいです。

どうぞ宜しくお願いします。

宜しければ、ご来店いただいた感想をぜひお聞かせください。あなたの声が三喜屋を元気にしてくれます。(*^_^*)

足と靴の相談室　三喜屋靴店

宮木良朗

4　いつまで出すの？　休眠客の管理方法

「ニュースレターを送っても反応のないお客様には、いつまで送り続ければいいのかな？」と悩むこともありますね。ニュースレター作成には、用紙代、封筒代、ラベルシール代、印刷代、封入のための人件費、そして郵送費と、お金がかかります。

それなのに、好意形成のためだけに送ると「ありがとう。いつも読んでいるわ」と喜んでもらうことはできても、自店で買い物はしてもらえません。これは、ニュースレターを送っている店が「当店で買い物をしてね」と伝えていないことが原因なのですが、費用対効果はゼロです。

ある眼鏡店では、ユニークなニュースレターを毎月発行していて、受け取っているお客様から「いつもお手紙をありがとう。楽しませてもらっているわ」と喜んでもらっていました。でも、そのお客様がかけている眼鏡は他店で買ったもの、ということが実際にありました。これでは、お金をかけてニュースレターを送っている意味がありません。

ニュースレターをいつまで送るのかは、自店で扱っている商材やサービスの、平均リピート期間をもとに考えます。例えば、眼鏡は平均で3年に一度買い替えるものです。だから、眼鏡の購入から3年を過ぎても再来店がないお客様には、ニュースレターの送付を止めます。これをあなたの店の商材やサービスに当てはめてみましょう。

何か月来店がなかったら他店で買い物しているかと考え、その期間が過ぎたら年に1回送付リストに移します。「休眠客」という言葉がありますが、実は休眠客というのはいません。

昔と違って、今はあらゆる業種でお客様の取り合いなので、お客様は「自店の顧客」か「他店の顧客」しかいないのです。年に1回送付リストのお客様は、まったくの新規客よりは縁が強いので、年に1回つながるチャンスを残しておきたいです。

たまたま都合が悪く、長いこと来店できないお客様を拾い直すことができます。出産して子育てに忙しい、親の介護をしなければならないなどの理由で、これまで通りに来店できなくなるお客様もいます。また高齢のお客様なら、急病で入院した、1人暮らしの自宅から子どもと同居することになった、などもあります。そういう場合は、1年に1回でもニュースレターを送っておくと、自店に再び来店してくれるきっかけになります。一度でも来店しているお客様は、店員と人間関係ができていますから、全くの新規客よりも来店してくれやすいものです。

「1年に1回リスト」のお客様でも、一定期間（3年くらい）来店しないお客様は、新規客に戻ったと考えましょう。新規客に対するアプローチは、ニュースレターではなくチラシです。

他店に行っていたお客様が「ずっと前に一度来たことがあるの。チラシを見て思い出したから久しぶりに来てみたわ」ということは、よくあります。

世の中には、新規客と既存客しかいません。

自店にとっての新規客は他店からの流出客であり、他店にとっての新規客は自店からの流出客と考え、ニュースレターとチラシを上手に使い分けましょう。

5　商材特徴にあわせた発行期間

ニュースレターを発行するのは、どのくらいの頻度がいいのでしょうか。

毎月か、それとも2か月に1回？　答えは「商材によって違う」です。お客様が毎月買うことができるものなら、ニュースレターも毎月発行しましょう。

ニュースレターを毎月発行してもいいと考えられる業種は、飲食店や食品販売店などの食品関連、薬局や文房具店のように消耗品を販売する店など。この他、サービスでは理容室や美容室のように、お客が毎月1回以上は通えそうな店です。布団店などのように、季節の商材を扱う店の場合には、毎月ではなくとも季節ごとにニュースレターを発行するのもいいですね。

では、宝石や洋服、靴やバッグ、おもちゃなどの嗜好品を扱う店は、どのくらいの頻度でニュースレターを発行するのが適切なのでしょうか。答えは「できるだけ毎月発行する」です。

嗜好品は、安価なものから高価なものまでさまざまありますが、一生に一度だけ買えばいい人もいれば、毎月のように買う人もいます。嗜好品は使用するかしないか、消耗するかしないかに関わらず「欲しいから買う」というものなのです。このような商品は、お客様が知れば欲しくなるもの。

だからこそ、ニュースレターを送る意味があります。

私がお客様として受け取ったダイレクトメールで最も疑問に思ったのは、ある自動車販売店のものです。新車を買った後、翌月から毎月のように「〇〇の新型車が登場！」とダイレクトメールが届きました。新車を買った翌月から「新車かいませんか」と案内が続くのです。

そして新車の購入から3〜5年経ち、いよいよ次の車の購入を検討する時期になった頃には、もうその自動車販売店のダイレクトメールは届きませんでした。

お客様が「そろそろ車が欲しいな」と思う時期を全く無視しています。これでは、何のためにお金をかけてダイレクトメールを送っているのかわかりません。以前、モノが売れていた時代のダイレクトメールは、同じ内容のものをいかにたくさんの人に送るかが勝負でした。でも、モノが売れなくなった現代においては正反対。商材によっては、お客様1人ひとりに違う内容のものを、いかに少なく送るかが勝負なのです。

この自動車販売店のようにならないために、あなたは自店で扱っている商材の「平均リピート期間」をきちんと調べておきましょう。商材やサービスごとに「平均で何年に1回買うものか」という数字が業界にあるはずです。

例えば、眼鏡は3年に1回買い替えるという、業界の平均的な年数があります。この年数から考えると、新たに眼鏡を購入したお客様に対して、翌月から「新しい眼鏡はいかがですか？」というニュースレターを送る必要はありません。眼鏡店のニュースレターは3〜4か月に1回で十分ということになります（ただし、初回号は購入直後に送るのをお忘れなく）。

ニュースレターは、一度でも来店してくれたお客様を追客するためのツールです。

せっかくお客様が「この店の人はおもしろい」と好意形成しても、商材の平均購入期間を考えずにニュースレターを送ると、少しずつお客様のほうが辛くなります。

お客様は「毎月お手紙をもらっても、そんなにしょっちゅう買わないのよ…」と心が重くなっていって、結局ニュースレターを読まなくなってしまうのです。

ニュースレターを毎月発行しない場合でも、その期間は何もしなくともいいわけではありません。

毎月販促費をかけられるなら、ニュースレターを発行しない時期にはチラシを作成して、新規のお客様を獲得しましょう。

6　最初に目にするのは封筒と宛名ラベル

「ニュースレターの書き方」というと、ニュースレターの中身の書き方ばかりを気にする人が多いです。でも、どんな郵送物も、受け取った人が最初に目にするのは、封筒と宛名ラベルです。

ニュースレターの大きな目的は好意形成です。人も初対面の場合、髪型や服装などの外見を見て、第一印象を決めますね。

ニュースレターもこれと同じで、中身よりも封筒と宛名ラベルで第一印象が決まります。ニュースレターそのものは、封筒を開けてからでなければ読んでもらうことはできません。でも、宛名ラベルなら開封する必要はありませんし、何よりも自分の名前や住所が書いてあるので、受け取った人は必ず確認します。必ず見てもらえるものですから、積極的に活用しましょう。

【図表41　花月堂の宛名ラベル】

宛名ラベルだけでも、工夫次第でお客様に良い印象を与えることができるので、簡単なニュースレターになっていると言っても過言ではありません。

宛名ラベルは第一印象を決めるものなので、気をつけてほしいことがあります。

ある店舗からのダイレクトメールは、透明な封筒に赤枠の宛名ラベルが貼ってありました。

実は、日本郵便が送り主に無料で提供している宛名ラベルなのですが、私はこれを見たとき「えっ？　督促状が来たのかしら？」と思いました。赤枠のラベルは第一印象がいいとは言えません。

宛名ラベルのデザインにも注意しましょう。

表具店の宛名ラベルには、この店のキャラクターである達磨大師が描かれています。

そして、そのキャラクターがまるで受け取った人に話しかけているように、「花月堂からのお手紙です」と吹き出しにセリフが書かれているのです。これだけで、とても親近感がわきます。

ニュースレターの中身では「こんにちは」とあいさつしているものをよく見かけますが、それより先に封筒であいさつできたら感じがよくなります。リアルに置き換えれば、お会いした瞬間に「こんにちは」とあいさつするほうが、しばらく経ってから改めてあいさつされるより印象が良くなるのとおなじです。

同じように、宛名ラベルで受け取った人にあいさつすれば、第一印象がとても良くなります。

封筒も第一印象を決める大切なアイテムです。

当然のことですが、封筒は封のあるほうが裏、封のないほうが表です。

通常は表に宛名、つまりお客様の名前や住所を書き、裏に自店名や住所を書きます。「封筒の表に書く人の方が大切」という表れです。

以前、私の手元にX店のダイレクトメールが透明な封筒で届きました。このダイレクトメールは、裏側に宛名ラベルが貼ってあり、表からは自社の商品が大きく見えていました。

つまり、表に自社商品、裏にお客様の名前だったのです。透明な封筒だからどちらでもいい、というわけにはいきません。X店はお客様よりも自社商品を大切にしているという意味になり、「無神経な店」と思われてしまいます。裏にお客様の名前を書くという、通常ではあり得ないようなことが、なぜ起こってしまうのか。

これは、自分で自店のダイレクトメールを受け取ったことがないからです。このようなことを防ぐためにも、自店のニュースレターをぜひ自分宛にも送ってみましょう。

すると、お客様へどのような形でニュースレターが届くのかを確認できます。特に、封入を業者に外注している店では、必ず自分宛にも送ることをおすすめします。

ニュースレターやセールスレターなど、複数の用紙を封入する場合は、読んでほしい順番に並べて折り、受け取った人が開封したときに表側やタイトルが見えるように送ります。でも、封入業者任せにしておくと、開封したときにニュースレターの裏側が見えることもあるのです。これではお客様に対して、最初に「お尻」を見せてしまうようなものです。必ず確認しましょう。

7　書いておくだけで喜んで受け取ってもらえる一行

お客様の手元には、毎日たくさんの店からダイレクトメールやニュースレターが届きます。その中から選んで読んでもらうためには、ちょっとした仕掛けが必要です。ここでは、たった一行書いておくだけで、お客様が喜んで受け取ってくれる方法をお伝えします。

人は、ハガキでも封筒でも自分の名前は必ず確認します。そこで、その名前の下に「ニュースレターの断り方」を書いておきましょう。

例えば「このお手紙は、当店とご縁をいただいた方にお送りしています。ご不要の方はご面倒ですがご一報ください」というような一行です。

【図表42　ラベルの下に断り方を書く】

508-0351

中津川市付知町 6956-1
山田　文美様
熊谷多仁子様

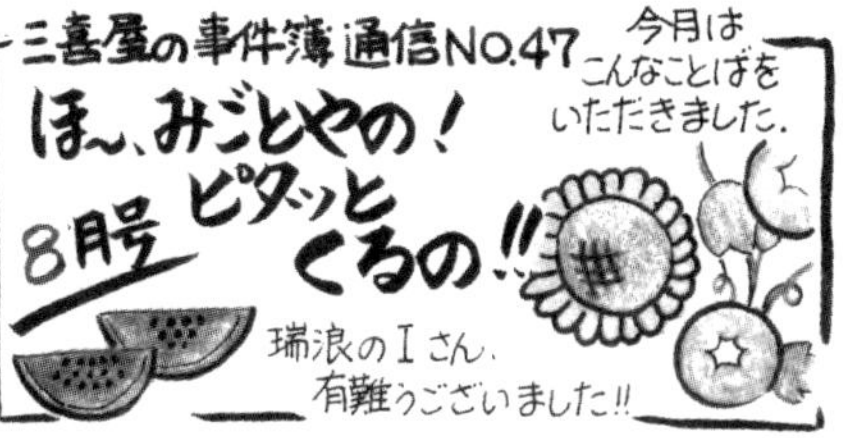

このお手紙は当店とご縁をいただいた方にお送りしています。御不用の方は面倒ですがご一報ください

「えっ？　これから読んでもらうのに、そんな一番目立つところに断り方を書くなんて…」と思いますよね。でも、この仕掛けが重要な意味を持ちます。

ニュースレターに限らず、このような「断り方」は、最も目立たないところに書くのが一般的です。ダイレクトメールなどでも、商品情報やセールのお知らせが大きく掲載されていて、最後の行にとても小さく「ご不要の方はご一報ください」と書いてあるのを目にしたことがある人も多いでしょう。

でも実は、「断り方」はお客様にとって最も目立つところに入れるべきなのです。

なぜなら、この一行があるにも関わらず、お客様がニュースレターを開いて読んだということは、自ら「読む」ということを選んだことになるからです。これが本書では度々登場する「自己影響力」です。

ニュースレターは、名前と住所がわかっているお客様のところに届くもの、つまりダイレクトメールです。

一般的にダイレクトメールは、店側が売りたい商品やサービスの情報を送るもの。でも、ニュースレターは好意形成も目的なので、自己紹介や季節のあいさつなど、商品以外の情報も載せます。どちらにも共通しているのは、お客様から欲しいと言われていないのに、店側が勝手に送る「プッシュ型ツール」であるということです。

店側が勝手にニュースレターを送って、それがお客様の手元に届いても、開封して読むか読まないかを決めるのは、お客様自身です。「読まない」ということを自分で選ぶこともできるのに、「読む」という選択をした人は、とても熱心に読んでくれます。

また、ニュースレターを読むと決めた後でも、「どこを読むか」という選択ができます。だから、読み進めてくれる人はどんどんいろんな記事を読んでくれます。これは、お客様が「自分で選んで」読んでいるからです。これが自己影響力というもので、人は自分の影響力を大事にする生き物なのです。

ニュースレターの封筒の宛名という、最も目立つところに「このお手紙は、当店とご縁をいただいた方にお送りしています。ご不要の方はご面倒ですがご一報ください」と断り方を書いておくことは、読まないで断ってもいいですよ、とお客様にに伝えることになります。

それでも開封して読んでくれるわけですから、お客様が自ら「読む」ということを選んだことになります。だから、「こんなものを勝手に送ってきて…」と思っているお客様の気持ちが変化して、「断ることもできるけど、ま、読んであげてもいいかな」という気持ちになるのです。断り方の一行があることで「自己影響力」を満足させることになります。

お客様は、お客様である前に1人の「人」です。人ならではの特性を上手に活かした仕掛けで、効果的なニュースレターにしましょう。

8　緊急性演出ならハガキ、重要度を上げたいなら中が見えない封書

ニュースレターを送る方法は、大きく分けると封筒とハガキがあり、封筒には透明なものと紙製の不透明なものがあります。いずれにも定形と定形外があり、サイズはさまざまです。

それぞれが一長一短で、ニュースレターを送るものとしてどれが最も良いというものはありません。ここでは、透明封筒、紙封筒、ハガキの特徴についてお伝えしますので、どのような内容を送るのかによって、送る方法を決めましょう。

透明封筒は中身が見えるので、受け取った人から身近に感じてもらうことができますが、中身が見えるということは､重要な内容のものは送ることができません。軽い内容のものに適しています。

封筒を開ける前から内容を一部読むことができるので、その部分がおもしろそうなら、封筒を開けて読んでもらえる可能性が高くなります。表から見える利点を活かして、ニュースレターの内容をまとめた目次を一番上に入れるのも効果的です。中を読まなくても、ざっと読んだ気分になるので忙しいお客様にも適していますね。短所としては、封筒はフィルムで中身は紙なので、受け取った人からは「分別して捨てるのが面倒」という声があります。

【図表 43　今月のチラシ目次の例】

① 目次 ― 今月のちらし ―　2017.10.

② こんにちは サクラ薬局です!
今回は、加工食品ジャーナリスト 中戸川貢先生のセミナーから
「現代の食事はミネラル不足 ―新型栄養失調―」について

③ ミネラル不足解消アイテム ― バランスターWZ ― 「まるごと牡蠣」ちらし
海のミルクかき肉エキスのバランスターWZは、自分自身のミネラルが豊富なだけでなく、他の食品に含まれるミネラルをも、体内に取り込む働きのある「FC物質」が含まれています。ちらしを見て下さいネ。

④ ミネラル不足解消アイテム ― ヤクケンバイオリンク ― 「まるごとフローラ」
バイオリンクにも微量必須ミネラルが沢山含まれています。その他にも、これから出産される若いお母さん予定の方に必要な「葉酸」が天然物として含まれています。葉酸は胎児に必要な栄養素ですが、若い女性に不足しがちなのです。妊娠に気づいてからではなく、妊娠前から摂られる事がおススメです。

※ 他店ではあまり見かけない「スーパーサクラ商品」のご紹介です。※

⑤ スーパーサクラ商品その① オゾンのクリーム「オゾナ」ちらし
植物性グリセリンにオゾンを吸着させたすごいクリームです!
アトピー、しみ、シワ、ニキビ、など、喜んでいただいています。
オゾン水を作る「ピュアラボ」も歯肉炎やクリームが苦手なべたつかない化粧水として

⑥ スーパーサクラ商品その②
「ピースエイトサポーター」ちらし
リニューアルになって機能アップしています。グラファイトシリカが遠赤外線中の育成光線を発射して、血行を良くします。
ボディー・手首は小さめも出ました。締めつけないので入浴時以外はずっと着けてほしいのです。(ねている時も)
リニューアル品は、とても良いので、旧品をお持ちの方は500円で下取りしますよ。

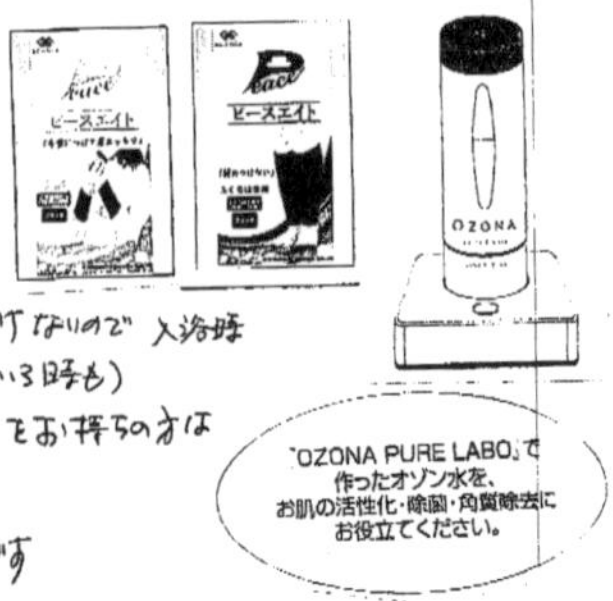
ピースエイト
ピースエイト
OZONA
「OZONA PURE LABO」で
作ったオゾン水を、
お肌の活性化・除菌・角質除去に
お役立てください。

⑦ 化粧品部 山本 快心作のちらしです
よく見て下さいネ。

いつも　ありがとう　ございます

紙封筒は中身が見えないので、大事な内容のものを送るときに適しています。「何が入っているんだろう？」という開封する楽しみを演出することができるので、期待感を持たせたいときは紙封筒で送りましょう。

「封筒に書いてあることに興味を持ったら、中を開けて読んでね」というテクニックもあります。封筒にドキドキするようなことを書いて開封させたり、封筒でクイズを出題して中身で回答したり、という方法ですね。紙封筒なら透明封筒と違って、表にも裏にも情報を書くことができるので、そのスペースを有効活用している店もあります。封筒にコラムを書いたり、商品情報を載せるのもありです。「封筒を開けてもらわなくても、封筒に書いてあることだけを読んでもらえればいい」と狙うこともできます。

ただし、紙封筒を使っても中身が大したことがない場合は、お客様をがっかりさせることがあるので、「ここ一番！」というときに使うことをおすすめします。

ハガキは開封する手間が不要なので、すぐに来店してほしい場合など、緊急性を演出することができます。例えば、「緊急ゲリラセール！」のような内容なら、ハガキで送りましょう。

内容によっては、きれいにデザインする必要はなく、汚い手書きのほうが急いで書いた感じがして目立ちます。また、宛先となるお客様だけではなく、その人の家族も内容を目にする可能性が高いのが、ハガキの長所です。

女性のお客様宛のハガキでも、ご主人が見ることを想定して男性に買ってもらいたい商品を載せておく、というようなことができます。実際に、女性向けの商品を「プレゼントにいかがですか？」と提案したニュースレターを女性客にハガキで送ったところ、そのお客様のご主人が「これを買いに来ました」とハガキを持って来店するなどの事例があります。

【図表44　金メダル封筒】

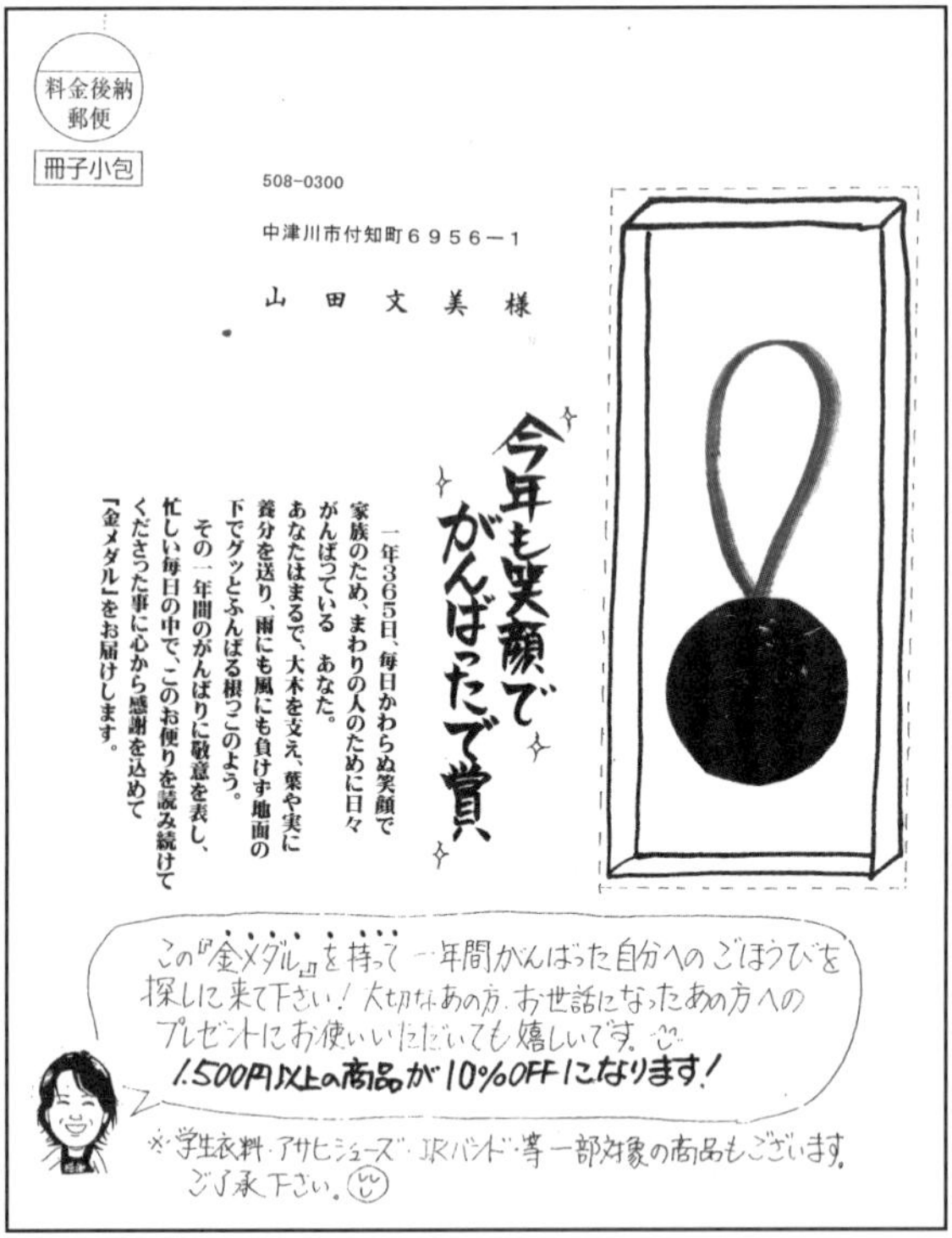

ニュースレターの送り方にはさまざまな方法がありますが、ベストな方法はありません。

自店のニュースレターだからといって、1つの送り方に決めずに、透明封筒、紙封筒、ハガキと変化をつけてもいいのです。

なぜなら、お客様は飽きるからです。お客様に飽きられずに開封してもらう方法を、毎回いろいろ考えてみましょう。

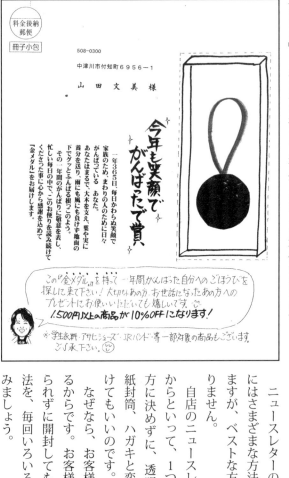

第6章　もっと早くやればよかった！「ニュースレター」効果実例

1　顧客名簿45名でも確実に売れていくミニスーパーの「ヘタクソハガキ」

まるで小学生の絵日記のようなハガキで売上をつくっている店舗があります。

長崎県のミニスーパーイングでは、コンビニや大手スーパーに負けず、お客様がわざわざ来てくれる店になろうと、お客様へ手書きイラスト付きのハガキを送ることにしました。このハガキもニュースレターと同じで、好意形成が目的です。

食料品店舗では、顧客の名簿をとる習慣はなく、この店も常連客はいても名簿化はしていませんでした。そこで店主はお客様に「今度、絵手紙を始めるので、お客様に送ってもいいですか？　よろしければ、住所を書いてください」とお願いして、45名分の名簿を集めました。

一般的なスーパーと違って、地域にあるミニスーパーは価格を安くして売るわけにはいきません。高価格で粗利も確保できるものを売ろうと考えた結果、商品紹介は「果物」に決定。

毎月、季節の旬の果物の絵を描き、「ママが大好きパパイヤメロン」というようなダジャレ付きで、ヘタクソなハガキを送ることにしました。

手書きイラストの道具は色鉛筆と筆ペン。色鉛筆は店主の子どもたちが小学生のときに使っていたものを再利用したので、お金はかかっていません。

このハガキには「買ってください」という言葉はひと言も書いてありません。でも、45名のうち数名からは「あなたの店で、この果物が買えるの？」という問合せがあり、実際に売れていきます。ヘタクソハガキを半年ほど続けた後、ニュースレターを送ることにしました。ニュースレターにもハガキと同じように、ヘタクソな絵とダジャレが入っています。

ニュースレターは出す度に25％くらいの反応率。通常、ダイレクトメールの反応率は10％と言われていますので、かなり高い確率です。

ニュースレターは少なく出して反応率が高い方が、経費は安く抑えられますよね。

さらに「この店のニュースレターはおもしろい」というクチコミが広がり、じわりとお客が増えています（29ページ・31ページ）。

【図表45　ヘタクソハガキ】

2　久しぶりのお客様が高額品を買っていく相談薬局の「お婆ちゃんとの記念写真」

広島県にある山坂薬局では、店主と祖母の2ショット写真を載せて、自分の体験談を書いたところ、何年も来店していなかったお客様が戻ってきました。

この店では、それまでもダイレクトメールは出していたのですが、ほとんどがメーカーからもらったチラシをそのまま封入して送るというもので、お客様からは反応がありませんでした。

この店主は、ニュースレターに「なぜ相談薬局を始めたのか」を書きました。

子どもの頃から祖父母に育てられた店主は、祖母が独学で民間薬を勉強しており、山野草などを採りにいっていたので、それを手伝っていました。子ども心に「こんな道端の草で元気になるのかなぁ」と思っていましたが、本で調べてみると、確かに体によいと書いてあったので、びっくりしたそうです。「祖母は民間薬のおかげで、99歳の今も元気です」と、祖母と自分の2ショット写真を掲載。祖母との体験がきっかけで、店主は相談薬局を始めたのです。

このニュースレターをお客様に送ったところ、長い間来店していなかったお客様が久しぶりにやってきて、「私も元気で長生きしたいから、何か飲むわ」と言ったのです。このお客様は「何か飲む」と言っているように、何か目当ての商品を買いに来たわけではありません。

【図表 46　山坂薬局お婆ちゃんとの記念写真】

やまさか薬局
ＴＥＬ [redacted]
営業時間　９時～１９時　日曜祝日休み

2016 年度全国実力薬局 100 選
「漢方・相談部門」受賞しました！

こんにちは、[redacted]です。

最近、やまさか薬局の会員になられた方もいらっしゃるので、改めて自己紹介をさせていただきます。

1964 年広島生まれ 52 歳。
薬剤師、全国初男性美容アドバイザー、
誕生数秘学カウンセラー、カードセラピスト
しし座、B型（これを言うとなぜか笑われます）
趣味はお酒を飲むことと、絵や伝筆（筆文字）を書くことです。

私は子供のころ祖父母に育てられました。

体の弱かった祖母は独学で民間薬を勉強し、自分で山に薬草を取りに行って煎じて飲んでいました。

子供の頃は良く手伝いに行かされていました。

当時はこんな道端の草で元気になるのかなと思っていましたが、
家に帰って本を読んでみると確かに体に良いと書いてあり、驚いたのを覚えています。

民間薬のお陰もあり 99 歳になった今も元気でいます。

漢方薬は錠剤、カプセル、
顆粒など飲みやすい形です。

体質改善の自然薬や
お茶もあります。

そんな祖母の影響で私は薬剤師になりました。卒業後は横浜と広島のドラッグストアに勤めていましたが、
相談薬局が集まる勉強会で病院に行ってもなかなか良くならない方が、漢方薬や自然薬で元気になられた例を数多く教えていただきました。

私も病気で悩んでいる方の元気で長生きのお手伝いがしたいと思い、全国の相談薬局で修業後 2000 年に自宅の１階を改装し相談薬局を始めました。

その後、隣町の府中町の薬局さんを、引き継がせていただき現在は２店舗で営業しています。

私自身と娘がアトピーや花粉症で悩んでいたことを活かし、アトピー、ニキビなど皮ふ病や花粉症や後鼻漏など鼻の相談を得意としています。

ゆっくりとお話をお聞かせください。

できるだけ分かりやすく地域の皆様の健康相談や心のお悩みにお答えできるよう努めています。病院のお薬やご家族のお身体のことなどお気軽にご相談ください。

この店主は、自分の祖母の写真を載せることで、お客様が「私も元気で長生きしたい」と思うようなちょっと先の未来を、ニュースレターで見せてあげたわけです。

また、このニュースレターには店主の感情が書いてあります。

「こんな道端の草で元気になるのかなぁ。…でも、調べてみたら体によいと書いてあって驚いた」というのが、店主の感情の変化です。この感情を書いたことで、お客様は店主に共感しました。

店主が自分の写真を出して、自分の体験を語り、「お気軽にご相談ください」と書いたところ、お客様から「何か飲むわ」と反応が返ってきました。

店主は商品ではなく、「相談」というサービスを売ったのです。

3　お客様からの相談が増える高額靴店の「お客様一言コーナー」

岐阜県にある三喜屋靴店では、お客様のちょっとしたひと言をニュースレターに書くことで、店との付き合い方を教え、遠方から来るお客様に安心感を与えています。

ニュースレターを出す前は、顧客名簿はあっても年賀状を出す程度のことにしか使っておらず、反応はなし。折込みチラシは配布していましたが、集客はできませんでした。

現在、この店では店頭でのお客様の声をすべて記録しています。そして、ニュースレターの宛先の横など、受取人が必ず見る一番目立つ場所に、お客様からもらった一言を毎回載せています。

例えば「うれしい！　これならいくらでも歩けそう！　豊田市のSさん」「コレ履いたら、背すじがシャンとなった！　春日井市のIさん」など、お客様のイニシャルと住む地域とともに紹介しています。

これは、お客様の言葉をそのままニュースレターに書くことで、この店とお客様との付き合い方を伝えているのです。お客様の言葉だけではなく、そのお客様がどの地域から来ているのかを書くことで、ニュースレターを読んだ人は「結構遠くから来ている人もいるのね」と思い、安心します。自店が安心な店であることを伝えるためには、店主が「安心な店ですよ」と書いても誰も信用してくれませんが、お客様の声を読んだ人は「きっと信頼できる店だ」と思います。

「うれしい！　これならいくらでも歩けそう！」というような言葉は、靴店なら誰でもお客様から言われたことがあるはずです。

でも、当たり前すぎて記録していないから誰もニュースレターには書きません。お客様にとっては、こんなに信頼感がアップするひと言はないのに、もったいないですね。しかも、わざわざニュースレターのネタのために出かけるわけでもないので、ネタの仕入料はタダです。

また、この店のニュースレターは、ひな型をつくってそれに文章を入れるだけになっています。表面はお客様の言葉、季節のあいさつやニュース、店主のひとりごと、嫁のつぶやき。

そして、裏面は定休日などのお知らせと商品情報です。このニュースレターのひな型は、他の店でも取り入れやすいと思いますよ。

【図表47　お客様の声入りニュースレター（表）】

508-0351

中津川市付知町 6956-1
山田　文美様
熊谷多仁子様

料金後納

ゆうメール

三喜屋の事件簿通信No.62

今月はこんなことばをいただきました。

来てよかったぁ、イイ買物ができました！

2017年5月号

愛知県のSさん、有難うございました!!

このお手紙は当店とご縁をいただいた方にお送りしています。御不用の方は面倒ですがご一報ください

大切な人が幸せそうな笑顔になるのを見たら、自分の事の様に嬉しく感じる。岐阜市のKさんご夫妻を見てて三喜屋は思いました。「主人も、外反母趾でねぇ。ちゃんと足に合った靴履いた方が楽なのにって思ってるの。頑固なのよ～コこ連れて来たいけどなかなかねぇ…」」先日ご来店下さった時に、心配されていました。そして、今日ご主人様を連れ立って来て下さいました！足を拝見し普段のお出かけに履ける靴を数点お見立てしました。歩かれると「いい感じや！うほほ」と笑顔がこぼれました。その様子を嬉しそうに見ておられた奥様。「いい感じなの？痛くない？」「おおお今までの靴とは全然違うなあ。気に入った！」「良かったね～両方頂いてったら？」「二足になっちゃうなぁ」と奥様の顔を覗き込むご主人様。チャーミングなお二人です。いいなぁ。この雰囲気。三喜屋も知らず知らずニッコリしてしまいます。「良いのが見つかったなら、良かったじゃない！」と奥様のお声かけに「ちょっと早い、父の日にって事だから、こっちは6月におろそう。」「あなた専用の靴ね」とニコニコ笑顔の奥様。そして、最後にお仕事用の靴もお決めになられました。奥様から贈られた父の日のプレゼント足に合った靴3足。大切な人を思い、贈られた靴。ご主人の幸せそうな笑顔も素敵でしたが、それを良かった～って安心した様に見ておられた奥様の笑顔は幸せそうで、最高に美しいなぁ～と見惚れてしまいました。三喜屋まで幸せな気持ちになりました。お二人で仲良くお出かけ楽しんで頂けたら嬉しいなぁ。貴女の大切な人を幸せにするシアワセノクツ。

店長のひとりごと　6年ぶりに三喜屋へご来店下さった土岐市のKさん。「私も年を取ったけど、ご主人もいい年の取り方してますねェ〜」そう言われてン～んな顔になった店長です。お連れになったワンちゃんが、キリリとしたお顔だちにシュッとしたスタイル。耳がピンと立っていてりりしい！　Kさんいわく、「なんだかネ、見てると私もシュッとしてくる感じがします！」「そうですネ～、人間見ているものに影響されるといいますから…　私はポッチャリ型の店長を見てるので…ふっくらしました」と嫁。「ナニ!?（私の心の声）」　アハハハ
がはははと笑い声が店内に響いていました。足も履いているものに影響されます。心地よい靴でたくさんの人を元気に！笑顔にしたいなぁ。

嫁のつぶやき　次女。一人生活には何かと「お初」がつきもので、「エ～、そんなことも知らんかったの???」的な連絡がよく入ります。「買い出しに来たけど、何買っていいのかワカらん。安いのが高いのかワカらん。」と電話。「キャベツ1玉 298円やけど…」「高いね。一人やで四分の一でいいよ。」とアドバイスする私。今日は「お金の引出し方ワからん」とメール。ア～教えてなかったか。娘には郵貯のキャッシュカードを渡してあります。「まず郵便局へ行く、次にATMへ向かう。そして画面の引き出しをタ～ナ…△□※OK？」「お～け～、わかった」って大丈夫カナ。そんな次女のところへ6月にお休みを頂き、出かける予定です。父ちゃんが行くぞとうるさいんで（笑）

たっか～ョ～

三喜屋靴店

〒[redacted]
AM10：00～PM8：00（火曜定休）

TEL.[redacted]

LINE@
三喜屋の公式line@
QRコードからお友達追加が出来ます。

毎日更新中ブログは↓
[redacted]　検索

【図表48　お客様の声入りニュースレター（裏)】

三喜屋のおたのしみカレンダー

冷蔵庫にはっておいてネ～♪

5月							6月							7月						
日	月	火	水	木	金	土	日	月	火	水	木	金	土	日	月	火	水	木	金	土
								父の日フェアー・記念写真プレゼント			1	2	3							1
							4	5	⑥	⑦	⑧	9	10	2	3	④	5 フォーマル靴注文会	6	7	8
							11 旅行靴・サンダルフェアー（革のキーホール	12	⑬	⑭	15	16	17	9	10	⑪	12	13	14	15
21	22	㉓	24 お部屋履きヘップ注文会	25	26	27	18	19	⑳	21	22	23	24	16	17	⑱	19	20	21	22
28 インソールお試しフェア28～31	29	㉚	31				25	26	㉗ インソールお試しフェア28～31	28	29	30		23/30	24/31	㉕ インソールお試しフェア28～31	26	27	28	29

○は定休・臨時休業日です。急用で休業することがありますので、お出かけ前にご確認下さい。

嫁のけーちゃん太鼓判♪
三喜屋から近くのお勧めお楽しみ所～

きなぁた瑞浪

きなぁた瑞浪。三喜屋から車で5分ほどの所にある道の駅。地元で採れた野菜や瑞浪ボーノポークが買えます。ボーノポークウインナーお勧めです！

柏崎さんが「持つ人を幸せに」と願い作るバッグは二カ月に一回入れ替わります。

ブログ [redacted]
facebook　三喜屋
line＠　三喜屋
ツイッター　三喜屋
youtube　三喜屋
検索して見てね！

トップカバー張替イベント大盛況

「この靴で、ディズニーランドを歩き回ったけど、楽だった。足が痛いのやだもんね～旅行も楽しくないもの」と高山市のHさん。おっしゃる通り！**旅行を愉しくするのもしないのも靴が要。**「手紙、楽しみに読んでるの」ファイルに丁寧に保管されてました。本当、嬉しかったです。三喜屋は、足が痛くて歩くのが辛い方が「出かける事って楽しい」と感じて頂ける様、技術を磨く事や良い靴と出会う努力は惜しみなくと思っています。そして、良い靴と出会ったら「この靴は、こうした思いで作られています」って事も伝えたい。だってね、一足の靴が出来上がるまでに、多くの人の手が加わってます。「大切に作られた靴を足に合わせる」事で、お客様が喜び、靴も、作り手も、三喜屋も嬉しい。そんな仕事がしたいです。だからこそ、手紙を大事にして下さってると嬉しく感じるんです。Hさん。有難うございます。飛騨高山の方言、耳に心地よかったです。今日お見立てした靴もサンダルもお出かけが楽しくなる一足になりますように！

Nさんの靴

Yさんのサンダル

トップカバー人気No.1は赤の花柄♪

「三喜屋さんに来ることは、忘れなかったわよ。旅行は、靴がちゃんとしてないとね！」永井さんの言葉が嬉しかったです。写真を一緒に撮ってもらって有難うございました～楽しい花火旅行を♪

コチラのトップカバーを貼ると脱いだ時、「うふっ」ってちょぴり嬉しくなります。足滑りも防ぎ、汗もすってくれます！張替料金¥3240

足の変化と靴の調整　「快適な履き心地のポイント」

靴は、靴下の厚み、体調、体重変化等により履き心地に違いが生じます。けっこう繊細なんです。調節道具の付いた靴はある程度、変化に応じて加工調整が出来ます。ただ、靴下の厚いのでも薄いのでも両方履きたい・・・というのは難しいです。足がお求めになられた時と大きく変化した時もそうですね。「この靴は、このくらいの厚みの靴下で履く」「足が変化したら、買い替える」と割り切ることが気持ち良く履くポイントです。革靴の良い所は足になじんでくる事ですが伸びきった革は元には戻りません。その時は寿命が来たと思い切って新しい靴にしましょう。下着なんかもそうですね。

写真は笑顔がとっても素敵な加藤さん。お嫁さんと一緒に以前お求めの靴の再調整とサンダルに出会いに。お二人のほっこりした会話に混ぜてもらって楽しいひと時。

4　買う気満々のお客様が現金を握りしめて来店する宝石店「本気レター」

大分県佐伯市にある宝石と時計選びの執事ニシジマではニュースレターを出すようになってから、来店のきっかけとなる有料の手相鑑定会に、お客様が自発的に予約をしてくれるようになり、買う気満々のお客様が来るようになりました。

以前は来店してもらうために、店主が電話をかけたり、訪問したりして「鑑定会に来ませんか?」とお客様を説き伏せていたそうです。

この店のニュースレターは、封筒に店主の手相の鑑定結果が写真付きで掲載されています。そして「この先も自分は大丈夫なんだ!　と自信を持って前向きに進みたい方は、中へ⇒」と、封筒の中身へと誘導。

ニュースレターの表面では娘の誕生日会の様子を写真付きで紹介し、裏面ではお客様と商品とのエピソードを書いています。

さらに別ページで、手相鑑定やパワーストーンなどの商品を紹介し、予約申込書へと続いています。つまり、開封前の封筒から、この店のニュースレターは始まっているのです。

このニュースレターでは、手相鑑定会だけではなく、商品であるパワーストーンについても紹介した上で、予約申込書を同封しています。だから、この店のお客様は自発的に鑑定会の予約もするし、商品を買う気満々になって現金を持って来店します。

宝石店で行われる手相の鑑定会などは、お客様に来店してもらうために無料で行われることが多いもの。「無料です」と案内されているので、お客様は商品を買う気にはならないし来店しても高額な現金は持って来ません。何より、無料サービスに飛びつくようなお客様は商品を買いません。

【図表49　宝石店ニュースレター封筒】

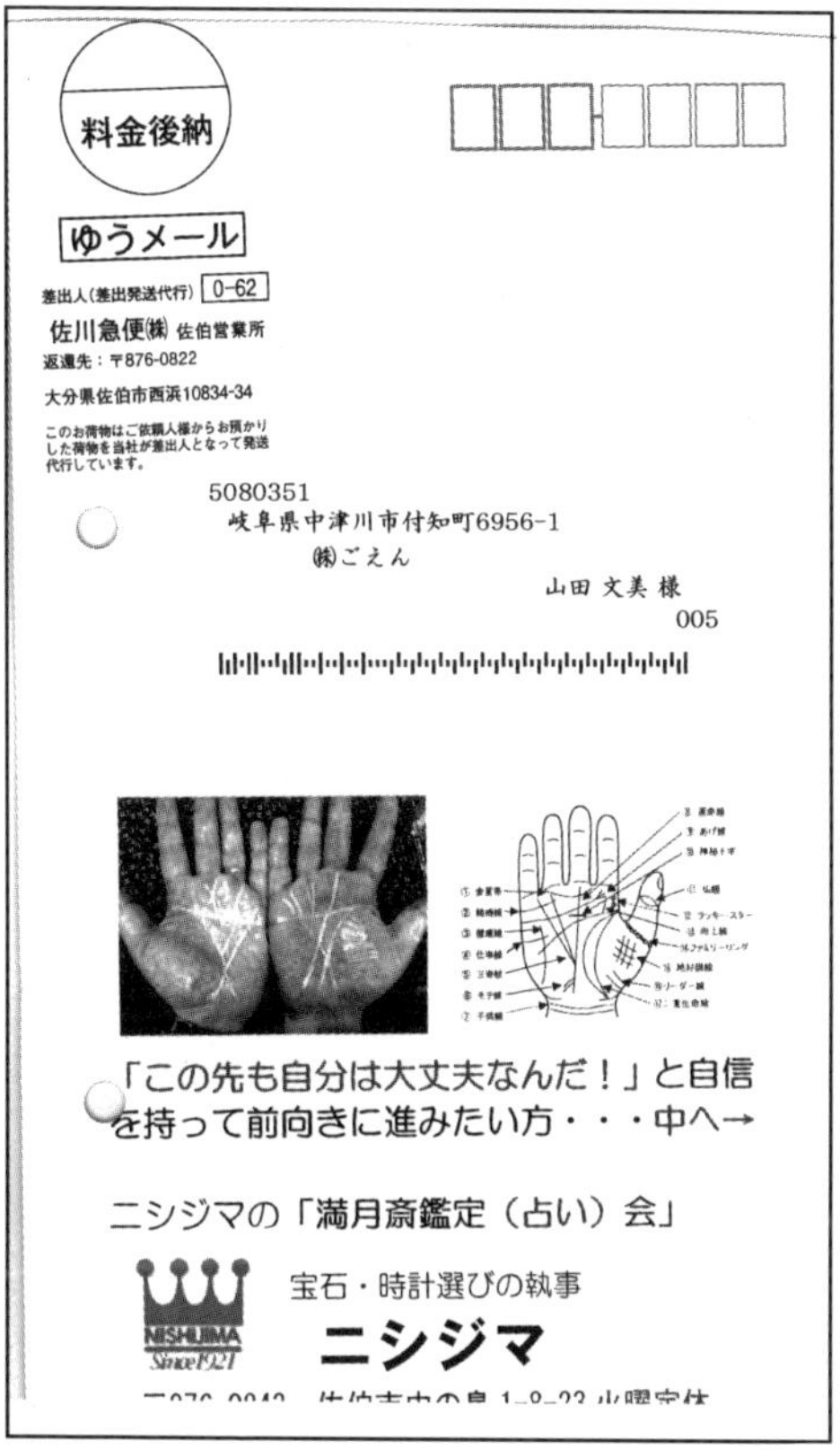

この店の場合は、商品のパワーストーンはもちろん、手相鑑定も有料で、そのことが事前にニュースレターで伝えてあります。だから、買う気満々のお客様が来店するわけです。

店としても、きちんとお金を払ってくれるお客様に来てもらいたいですよね。

【図表 50　宝石店ニュースレターお手紙】

2017 年 9 月号　Vol110

きらきら通信

＊この通信がご不要な方は、お手数ですがご連絡下さい。配送を停止させて頂きます。Tel [redacted]　Fax [redacted]
また「そろそろご不要かな？」と思われる方への配送は自動的に停止させて頂きます。

ニシジマって、こんな店

先日開催した「まちゼミ」。開催までは「本当に来る人居るのかな〜。」と心配し、予約が入ると「マズイ！本当に講師出来るのか！？」と心配し・・・。

実際に開催するまでは緊張しっ放しだったんですが、フタを開けてみると・・・

受講生の皆さんが楽しい方ばかりだった事もあり、賑やかな講座になりました（＾○＾）

この写真も受講生さんから撮って頂き、感謝感謝です！

講座自体も楽しんで頂けたようですが、受講生さんの中に知り合いのお寿司屋さんがいらっしゃったので、「ランチ好評ですよね〜。」などと話をすると、他の受講生さんが「え！？どこのお寿司屋さんですか？ランチ行きたいんですけど、予約した方が良いんなら電話番号教えてもらえますか？」などと盛り上がったり、自動車販売をされている受講者さんが他の受講者さんに「○○さんですよね？いつもお世話になってます。」とお得意さんと出会ったり。

受講者さん同士でも盛り上がって頂き、「これもまちゼミの良さかな〜！？」などと感じさせて頂きました。

初対面の方同士でも、同じ事に興味を持って参加されているので、打ち解けるのが早いですよね。

講座も「分かりやすかった！」「楽しかった！」というお話を頂き、更には「ウチの会社の社員向けに開催出来ませんか？」といった依頼まで頂きました！本当に有り難い限りです。

には私がレジメの最後に書いていた「占いは人を幸せにするためのものです。」という言葉に非常に共感して頂き、「この言葉を聞いて安心しました。」とアンケートに記入した方もいらっしゃいました。

よく刃物で例えられますが、同じ刃物でも「犯罪者が持てば凶器に、一流のシェフが持てば人を喜ばせる料理に」なります。占いも一緒で、決して「相手を落としいれよう、不安にさせよう」と思ってやるのではなく、「どう伝えたら、この方が今よりもっと幸せになるんだろう？」と考えてするものです。

ですから占いは決して怖いものではなく、楽しいものなんです。

そんなニシジマの「まちゼミ」、次回も今回と同じ「占いを利用した職場コミュニケーション術」と「占いを利用した仲良し家族講座」の２つを開催する予定です。

次回は２月の予定ですので、また決定したらお知らせしますね！

西島家こぼれ話

中面をご覧下さい→

【図表 51　宝石店ニュースレターセールス】

「この先も自分は大丈夫なんだ！」

そのために必要なことが分かる「満月斎鑑定」開催！！

今後の運気と、そのチャンスをつかむコツが分かる。

ご自分が持って生まれた性質と12年周期の運気が鑑定できる満月斎先生は、それを元に「今後どうすればそのチャンスをつかみ、良い方向へ進むことができるのか？」をアドバイスしてくれます。

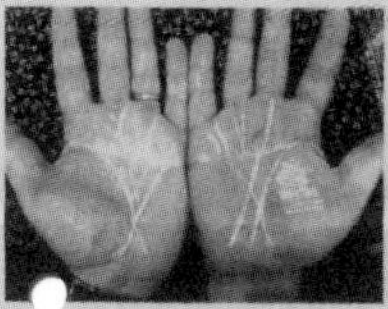

⇦生年月日と手相を中心に鑑定してくださる満月斎先生は、こんな風に重要なポイントとなる線を書きながら説明してくれます。

実は人間の新陳代謝の周期である３ヶ月で手相も変化するので、こうやって書いていただいた手相を毎回写真に撮っておいて、次回鑑定していただく際に「どこの線が強く出るようになったのか？」「それにはどういう意味があるのか？」「では今後どうすれば良い方向に進む事ができるのか？」という風に鑑定していただけます。

だから、毎回鑑定してもらいに来る方が多いんです（＾Ｏ＾）

「占い」ではありません、「鑑定」です。

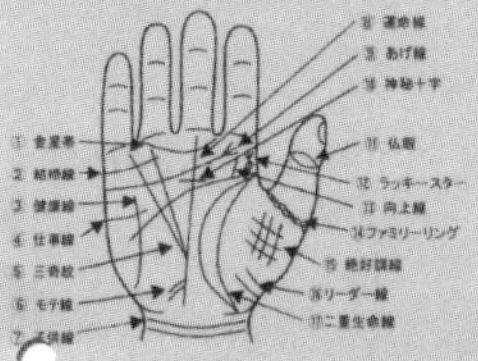

満月斎鑑定のベースとなっているのは「四柱推命」や「手相学」など。実はこれら全て「統計学」、つまり「学問」なんです。

ですから「当たるも八卦、当たらぬも八卦」の占いとは違い、しっかりとした根拠を元にお話してくださいます。

左の図は全国各地で２万人以上を鑑定して来た先生が、手相学をベースに自らの経験をまとめた独自の鑑定方法です。

そのためベースは四柱推命や手相学と言っても、「満月斎鑑定」ができるのは満月斎先生ただ一人。

ニシジマへ来てくださるのは半年に１回だけですから、先生のファンの方は必ず毎回ご予約をいただいています。

あなたも今回は予約してみませんか！？半年に１回しかないチャンスです！

「大丈夫！！」と、背中をポンッと押してくれます。

私自身が「大変だ！」と思っている時に、満月斎先生からこんなお話をしていただきました。

大丈夫！大変だと思えることは全て「試練」。乗り越えられない試練は与えられないし、10年前・20年前に大変だと感じたことでも、今となっては何でもないでしょう？
それと同じで今は大変と感じることも、乗り越えてしまえば何でもなくなりますよ！大丈夫！！まだ壁が目の前にあるから、高く見えるだけですよ！

これを聞いて、すごく納得したのを覚えています。

裏面へ続く→

【図表 52　宝石店ニュースレター申込】

申し込み、どうしよう！？

・・・と、迷っていませんか？

そんな方のために、実際に鑑定を受けた方の体験をごく一部ですがご紹介しますね！

＜[redacted]にお住まいのＹ様・女性＞

満月斎鑑定会でお守りブレスレットをご購入いただいた独身のＹ様。その日の夜に沢山メッセージを送って下さっていたので、「どうしたんだろう！？」と思って読ませていただくと・・・

「何なんですか、このブレス！すごい！！急にいろんな男性からお誘いが来るようになったんですよ！！」と。

しかもその内のお一人は、満月斎先生から結婚相手に相応しいと言われていた条件にピッタリ！！私もお話を伺ってビックリでした！！

＜[redacted]にお住まいの０様・女性＞

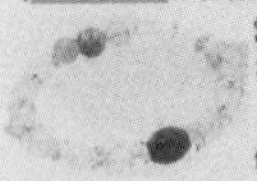

営業職のＯ様。鑑定会後１ヶ月ほどでご来店いただき、ご自分が感動した体験を語ってくださいました。

何でも満月斎先生から「あなたのラッキーナンバーは１１だから、何でも１１を意識するようにすると良いですよ！」とアドバイスを受けていたそうです。

素直なＯ様は新規契約のアポイント取る際に、「そうだ！11 がラッキーナンバーだから、11 時にしよう！」と思ってそうしたところ・・・11 時にアポイントを取った２軒が２軒とも契約を取れたそうです！！

勿論、ご本人の営業力が一番の理由です。でもアドバイスを実践することで、ご自分の意識は変化したんでしょうね！

そんな満月斎鑑定、**「行ってみようかな！？」**と思ったら、ペンを持って裏面の満月斎鑑定申込書にお名前・生年月日・ご住所・お電話番号をご記入の上、ニシジマへファックスしてください。

5 分かかりませんから(´0`)
裏面を記入したらこちらへ

FAX（24 時間 OK）[redacted]

電話申し込み [redacted] （午前 10 時～午後 7 時・火曜定休）但し店頭混雑時は取れない場合もございますので、予めご了承ください。

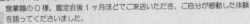

5　閑散期も忙しい、ライバル店より4倍高い表具屋の「お客様の都合に合わせた問合せ方法」

岐阜県恵那市にある表具店、花月堂は、ふすまや障子だけではなくクロスやじゅうたんなどの張り替えも行う店です。

ニュースレターを始める前は、住宅やリフォーム会社の下請けで、厳しい納期に追われていました。一般客からも注文はありましたが、年末に注文が集中。それ以外の時期には暇を持て余すという、繁忙期と閑散期の差がこの店の悩みでした。

そこで、年末以外でも障子の張り替えなどをしてほしいと、ニュースレターを始めることにしました。紙面では、ふすまや障子を運んだりする日常がユニークな写真と共に掲載されています。そして商品紹介に続き、「業務日報」というタイトルで、スタッフがどのような場所へどんな施工をしに行ったのか、現場の具体例が報告されています。

最後に、このニュースレターを読んだ感想や、簡易注文ができる用紙を同封。これは用紙を折ってのりづけすれば封筒になるものです。また、「点検依頼ハガキ」というものも同封します。「和室／ふすま・障子」「洋室／カーテン・じゅうたん」といくつか項目が並んでおり、気になる項目にチェックを入れることができるようになっています。もちろん、ＦＡＸ番号や電話番号も書いてあるので、お客様は自分の都合に合わせた方法で問合せができます。

一般客にとって表具店というのは、年末に障子の張り替え時になると思いだす程度ですが、実はさまざまなことができるもの。

例えば「お盆休みにはお坊さんや親戚が来ますから、破れた障子や汚れたふすまの張り替えをするなら今ですよ」という内容を簡単な4コマ漫画で伝えています。注文が来ないからといって、ただ待っているのではなく、ニュースレターでお客様に提案や教育をしています。

こうしてこの店は、年末はもちろん、年中忙しい店になりました。

以前は下請けがメインでしたが、現在は個人客からの直接依頼が増えて利益率も高くなりました。

今までは閑散期だった時期に仕事をつくり出すことができ、繁忙期前には「忙しくなるのでお早めに」とお客様を促すニュースレター。仕事をするとお客様から「ありがとう」と感謝されることも増えています。

ニュースレターを始める前は、大手ライバル店の安売りチラシばかりが気になって仕方ありませんでした。お客様は素人ですから表具の詳しいことはわかりません。そこにつけこんだ、お客様をだますような内容で非常に腹立たしく感じましたが、どうすることもできません。

そこで、せめて自店と繋がりのあるお客様には正しいことを知ってほしいとニュースレターで教育を続けるうちに、既存顧客からの紹介客が増えました。ニュースレターで眠っていた需要をつくり出すこともでき、新規客を紹介してくれる地域応援団も手に入れる結果になりました。

【図表 53　花月堂ニュースレター手紙部分】

半年ぶりの季刊誌

(アレ?)

つきのくら通信です

VOL. 19

花月堂
つきのくら通信
発行：株式会社花月堂
[redacted]

2017年7月発行

こんにちは、花月堂の[redacted]です。毎号お読み頂き声をかけていただく皆様ありがとうございます。本当に嬉しくて、励みになります。初めてお読み頂く皆様、はじめまして、この通信はせっかく頂いた『**ご縁を大切にしたい**』との思い、そして『**私たちについてもっと知って欲しい**』との思いから花月堂が、季刊発行しています。

たくさんの人が読んで楽しい気持ちになるように、わたし達なりに心を込めて作っています。

読んでいただけたら嬉しいです。

もし不要の場合はお手数ですが同封のハガキにてお知らせください。

必死

花月堂な人々

快挙!?

現在花月堂の３代目、[redacted]（[redacted]35歳）です。しばらく名古屋で仕事をしていましたが9年前から[redacted]に戻り家業を継いでいます。

現在長男6歳と長女5歳のパパしてます。

運動会

娘の通う幼稚園では６月が運動会でした。私と嫁とお兄ちゃんババ様と家族総出で応援してきました。

お遊戯も玉入れも全力の娘。可愛いです。

負けず嫌いな性格も相まって、応援の仕方まで必死で、見るのに飽きない運動会でした。

今年は、何をどう間違ったか、我が娘が選手リレーに抜擢されました。

あまり運動神経のパッとしない家系ですので、信じられませんでした。そりゃー見に行かなくては！となります。

そんな娘のリレー、本人も必死でしたが見てるこっちの方も手に汗びっしょりでした。なんとか走り切って良かったです。

　自分が子供の頃のあの緊張感が呼び起こされます。運動会はとにかく自分のチームに迷惑をかけないように。と、とにかく必死だった覚えがあります。

日焼け

そんな私も中学校、高校と軟式のテニス部でした。特別キラリと光る選手ではありませんでしたが、朝練・放課後・休みの日も部活三昧でそれなりに楽しく頑張っていました。夏休み中の太陽ギラギラの中でも、屋外でめいっぱい練習をしていました。今では想像しただけで倒れてしまいそうです。

日焼けで顔を真っ赤にして家に帰るとまず冷たいタオルで顔を冷やしていた覚えがあります。夏場は日焼けと言うより火傷で顔が真っ黒でした。でもなんだかんだ楽しかった部活生活です。

文化系の部活だった嫁に言わせると夏の屋外なんてとんでもないそうです。紫外線は女の敵だそうです。

その点、障子や襖は簡単です。焼けたら張替えればいいのだから。

簡単に色白さんに戻れます。

【図表 54　花月堂ニュースレターお盆の教育】

お盆休みは楽しみだ

でも、お客様がみえるかも

その前に お部屋の お手入れを

例えば....

和室の汚れた障子、ふすま張替

せめて

おっさまが通られる所だけでも

カーテン取替、床張替

アミ戸張替

まだ大丈夫ですか？

お早めに ご相談ください

トータルインテリア

株式会社 花月堂

日・祝休み

AM8：30～PM6：00

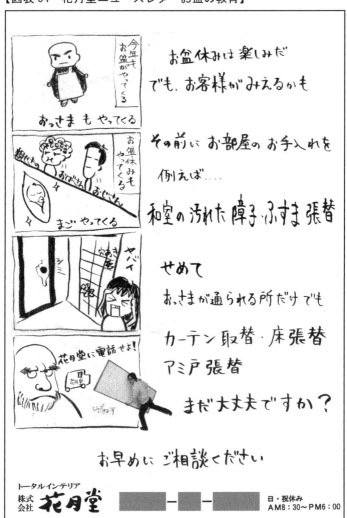

【図表55　花月堂ニュースレターお客様の声用紙】

NO.19

ひと言感想募集＆簡易注文書

あなたの声が、私たちの**宝物**です。

この度は通信を読んでいただき、ありがとうございました
あなたの声をいただくと『今日もがんばろう！』という
エネルギーが沸きます。どんな些細なことでも結構です。
ぜひ、あなたの声を聞かせてください。
ご要望にお答えして仮の注文書を作りました。
見積り、相談は無料です。お気軽にご利用ください。
もちろん[ひと言感想][簡易注文書]どちらかだけでも大歓迎です。

☆ひと言感想

ここに一言

ペンネーム
（匿名の場合）

☆簡易注文書

□ふすま張替	本
□障子張替	本
□クロス貼替	場所：
□カーテン	場所：
□じゅうたん	場所：
□床張替	場所：
□その他	

（例：8月13日迄には仕上げたい）

●あなたの声を通信に掲載しても宜しいですか？（□OK！ □匿名ならOK！ □NO！）チェックを付けてください

●後日確認のお電話をさせていただきます。施工ご希望の日付などありましたらご記入ください。

お名前		日中繋がる電話番号	
ご住所			

FAX24時間いつでも受付中です。

FAX番号

[redacted]－[redacted]－[redacted]

みなさまの声は、とってもとっても嬉しいものなのです。

郵送の場合は。

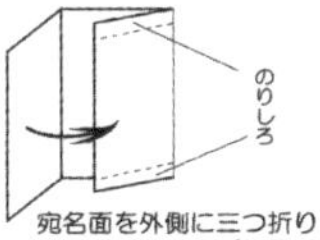

宛名面を外側に三つ折りし、
のり付けの上、ご投函ください。
（切手は不要です）

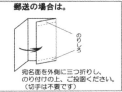

【図表 55　花月堂ニュースレターアフターフォローの案内】

花月堂の大切なお客様へ

花月堂では工事をさせて頂いてからが本当のスタートだと思っています。

私達はお客様と仕事のつながりだけじゃなくこの『花月堂つきのくら通信』を通じて、楽しく人間味あふれるつながりを築いていきたいと願っております。


だからこそ、このような『アフター点検依頼ハガキ』を作らさせて頂きました。どうぞ遠慮なく記入して頂き、ご使用ください。

喜んで対応させていただきます。

今後とも花月堂ならびに『つきのくら通信』をご愛読くださいますようお願いいたします。

記入例

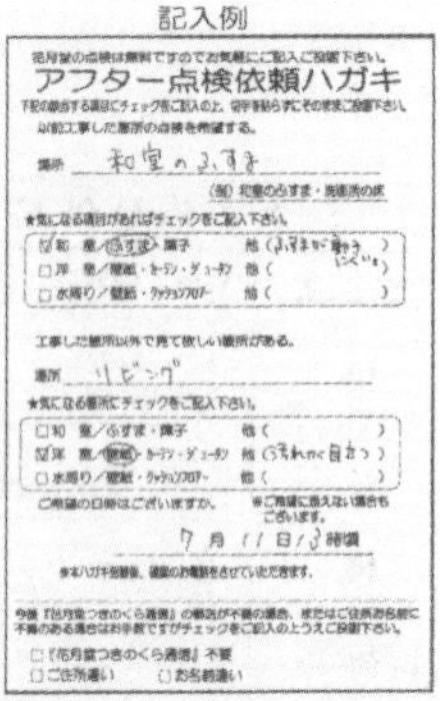

※もし今後『つきのくら通信』が不要な場合はお手数ですが『アフター点検依頼ハガキ』にご記入の上投函ください。

ふすま・障子・内装工事についての問い合せはこちら↓

[redacted]工場

トータルインテリア
株式会社 花月堂

内装についてのお悩み事ズバッと解消！
お電話ください

[redacted] 検索

http://[redacted]

・ふすま張替え、新調　・障子張替え
・オーダーカーテン縫製
・クロス張替え　・ガラスフィルム施工
・じゅうたん　・クッションフロア
・各種床工事

[redacted]市[redacted]

AM8:30
～PM6:00
日・祝日休み

TEL [redacted]

表具・自然食品・ピアノ教室についての問合せはこちら↓

[redacted]本店

四季のあるお店
『花月堂 つきのくら』

1度のぞきに来てください

[redacted] 検索

http://[redacted]

・季節の掛け軸販売。
・想い出の書、キレを掛け軸に人間味あふれる表具店です。
・自然食品も取扱い。
・面倒見の良いピアノ教室　養護学校の教諭もしていたヨメが教えます。

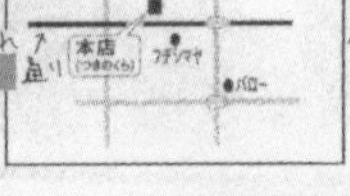

[redacted]市[redacted]

AM 10: 00
～PM 6:　00
日・月・祝休み

TEL [redacted]

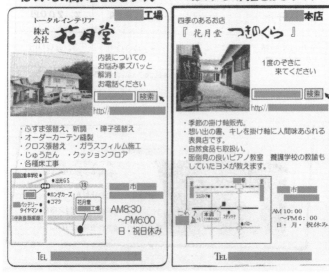

6　お客様がわざわざお礼を言いに来店する眼鏡店の「年末感謝状」

長野県信濃町にある眼鏡店「オプトコバヤシ」では、年末になるとニュースレターにお客様への「感謝状」を同封して、お客様の「買いたいスイッチ」を押しています。

大人になると、褒められるということがなかなかありません。そこで、主婦のお客様には「毎日、晴れの日も雨の日も、ご飯づくりをがんばりました」、サラリーマンなどの働く人がお客様なら「どんなにつらいときでも、家族のために仕事をがんばりました」というように、店がお客様に対して当たり前の日常をねぎらってあげるのです。

感謝状といっても、インターネットで賞状の枠をダウンロードしてＡ４の用紙に印刷するだけです。１枚ごとに名前を入れるわけではなく、「あなた様へ　今年も１年間、よくがんばりました！」というように書けば簡単です。

その感謝状と一緒に、年末セールの案内などを同封すると、お客様は「感謝状をもらってうれしかった！　ありがとう！　何か買うわ」と言って来店します。目的の商品があるわけではないのに、お金を持って来ます。この店は眼鏡店ですが、眼鏡店だからといって、眼鏡や時計を買うとは限りません。お客様は、この店にある何かを買います。感謝状を見て「私は１年間がんばったから、ごほうびを買うわ」という、お客様の「買いたいスイッチ」を押したわけです。

今は、セールで安売りをすれば店にお客様が来る時代ではありません。50％引きにしても、80％引きにしても、モノは売れ残ります。モノが売れていた時代は、値引きは劇薬でした。でも今は、お客様がその劇薬に慣れて麻痺しているので、どんなに安くても数字は数字です。「値引き」や「無料」の裏には何かがあることをお客様は知っています。だから、お客様の感情は動かないのです。

そんな時代にお客様を動かすには、共感性を引き出すしかありません。人は、自分の感情を動かされると行動します。ニュースレターなら、お客様の感情を動かすことができます。

お客様は、眼鏡を欲しいと思ったら、自分で情報を集めます。

インターネットの無料情報、雑誌や友人知人の経験談、マスコミ宣伝される大手チェーン店の広告などを見比べて、どこなら損をしないで買い物できるかと考えます。

つまり、情報があふれている時代になったので、店舗に行く前に情報を見比べて購入先を考える買い物方法に変化しているのです。こうしたお客様の変化に対応するには、自分も情報になることです。ニュースレターは、自分や従業員を「専門家」として伝えるための情報になります。

商品と価格だけではなく、店主や従業員の日常を書くと人柄が伝わり好ましく思ってもらえます。

自分の日常をねぎらってくれる店主の人柄が土台となり、毎回のニュースレターで伝えてきた専門性が効果を発揮して、インターネット情報やマスコミ宣伝と比べても「あなたから買うわ」と選んでもらえる店へと変化していきます。

7　内容はそのままで反応率4倍、ブランド品リサイクル店の「2階まで登ってきてクイズ」

東京都亀戸にあるブランド品リサイクルショップ「紀伊国屋」では、以前からニュースレターを発行しています。この店は1階と2階が店舗になっており、買取り窓口は2階。お客様に2階へ上がってきてほしいというねらいから、ニュースレターで毎回クイズを出し、答えを持って来店した人に景品をプレゼントしています。でも、毎回反応が少なく、しかも同じ人が景品をもらいに来ていました。

そこで、ニュースレターをわかりやすく改善しました。

まず、縦書きと横書きが混在していたので、すべてを横書きに統一。ニュースレターのコーナー分けをするために囲っていた線を減らし、スッキリした紙面にしました。ごちゃごちゃしていたイベント予告のコーナーも、カレンダー式にして見やすくしました。

すると、ニュースレターの発送後から1週間も経たないうちに、クイズの景品がなくなるくらい、店の2階に多数のお客様が来たのです。

この店ではニュースレターの改善前も後も、クイズは同じように紙面の最後に載せています。しかし、以前は紙面のどこにあるのかわかりにくかったようです。情報を整理整頓し、デザインをシンプルにしたことによって読みやすくなり、読む人がニュースレターを最後まできちんと読んだのです。そして、最後に掲載されている来店動機のクイズまでたどり着いた人が増えたので、来店者が増えました。

どんなに読んでもらいたい情報があっても、ごちゃごちゃしたニュースレターでは、お客様は少し目を通しただけで離脱していきます。意味がわからないので、次を読もうと思わないのです。ニュースレターは、最後まで読んでもらわなければ意味がありません。

人の視線や視覚のクセに沿ったちょっとした工夫で、読み手の反応は大きく変わります。伝えたいことが伝わるように、読む人が読みやすいよう考えてニュースレターをつくりましょう。

買取と販売の両方を行っているこの店舗では、1人のお客様に何度も来店してもらうことで「欲しい物に出会える」「物を手放すと次が買える」という循環をつくり出しています。

お客様は忙しい毎日を過ごしています。そんな中でも、他の予定より自店へ来てもらうことを優先してほしい。こうした時には、カレンダーを利用したイベント案内が効果的です。

文字を並べただけでは時間軸が意識できず、未来の予定として理解できません。カレンダーは見ただけで、自分の予定を思い浮かべることができます。見ただけで自分の予定を重ね合わせて考えることができるイベントカレンダーのおかげで、忙しいお客様の予定に自店イベントを組み込んでもらえ、繰り返し来店してもらえるキッカケになっています。来店してもらえるから買い物につながるのは、店舗商売なら業種にかかわらず同じですので、店頭イベントも一工夫してみましょう。

【図表57　ごちゃごちゃニュースレター】

【図表 58　紙面整理後のニュースレター】

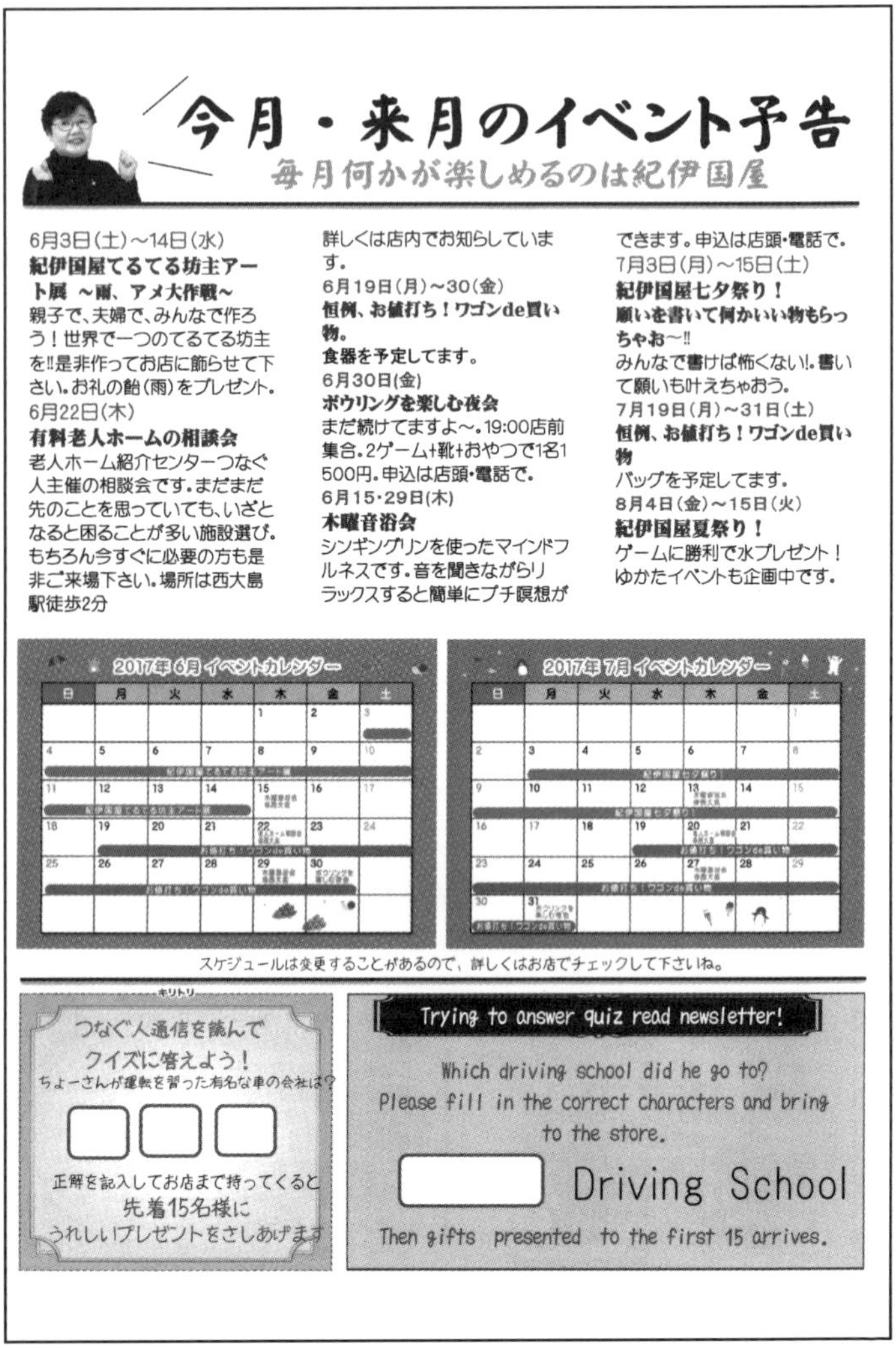

今月・来月のイベント予告

毎月何かが楽しめるのは紀伊国屋

6月3日(土)～14日(水)
紀伊国屋てるてる坊主アート展　～雨、アメ大作戦～
親子で、夫婦で、みんなで作ろう！世界で一つのてるてる坊主を!!是非作ってお店に飾らせて下さい。お礼の飴(雨)をプレゼント。

6月22日(木)
有料老人ホームの相談会
老人ホーム紹介センターつなぐ人主催の相談会です。まだまだ先のことを思っていても、いざとなると困ることが多い施設選び。もちろん今すぐに必要の方も是非ご来場下さい。場所は西大島駅徒歩2分
詳しくは店内でお知らしています。

6月19日(月)～30(金)
恒例、お値打ち！ワゴンde買い物。
食器を予定してます。

6月30日(金)
ボウリングを楽しむ夜会
まだ続けてますよ～。19:00店前集合。2ゲーム+靴+おやつで1名1500円。申込は店頭・電話で。

6月15・29日(木)
木曜音浴会
シンギングリンを使ったマインドフルネスです。音を聞きながらリラックスすると簡単にプチ瞑想ができます。申込は店頭・電話で。

7月3日(月)～15日(土)
紀伊国屋七夕祭り！
願いを書いて何かいい物もらっちゃお～!!
みんなで書けば怖くない!。書いて願いも叶えちゃおう。

7月19日(月)～31日(土)
恒例、お値打ち！ワゴンde買い物
バッグを予定してます。

8月4日(金)～15日(火)
紀伊国屋夏祭り！
ゲームに勝利で水プレゼント！
ゆかたイベントも企画中です。

2017年6月イベントカレンダー

日	月	火	水	木	金	土
				1	2	3
4	5	6	7	8	9	10
11	12	13	14	15	16	17
18	19	20	21	22	23	24
25	26	27	28	29	30	

2017年7月イベントカレンダー

日	月	火	水	木	金	土
						1
2	3	4	5	6	7	8
9	10	11	12	13	14	15
16	17	18	19	20	21	22
23	24	25	26	27	28	29
30	31					

スケジュールは変更することがあるので、詳しくはお店でチェックして下さいね。

キリトリ

つなぐ人通信を読んで
クイズに答えよう！
ちょーさんが運転を習った有名な車の会社は？

□□□

正解を記入してお店まで持ってくると
先着15名様に
うれしいプレゼントをさしあげます

Trying to answer quiz read newsletter!

Which driving school did he go to?
Please fill in the correct characters and bring to the store.

□ Driving School

Then gifts presented to the first 15 arrives.

8　一生に1回しか買わないものでも紹介客で新規集客に困らない「お客様の声」利用法

鹿児島県姶良市にある川村ふとん店では、ニュースレターの中で「Q＆Aの実例」を紹介しています。以前は、他店にもよくあるように、「お客さまの声」として直筆で書かれたお客様からの言葉をそのまま載せていました。でも、あまり反応はありませんでした。

そこで、Q＆A形式にしました。

例えば「よく眠れないのですが、どうすればいいのかと思い、来店しました」というお客様に対して、現状どんな睡眠環境だったか、それに対するアドバイスを答えとして書きました。そして、このお客様からの直筆「お客様の声」を掲載しました。

お客様の声の前にQ＆Aの部分があるので、このお客様がどういう状況で、店主がどんなアドバイスをしてお客様が商品を買ったのかがわかります。掲載したのはたった1つの実例ですが、ニュースレターを読む人は「私にはこの悩みはないけれど、別の悩みがあるから、相談してみよう」と思いついてくれます。ニュースレターはお客がわかりやすく理解できることが大事です。理解できなければ、思考の次の段階には進まないので、来店にはつながりません。

ニュースレターにお客様の声を載せる目的は、親切そうな店だと思ってもらうことです。チラシでもニュースレターでも「お客様の声」を掲載する店はたくさんあるので、お客様はすっかり慣れています。お客様が知りたいのは、単に「商品を買ってよかった」という感想ではありません。「この店に行くと、自分はどのように扱われるのか」を知りたいのです。

だからといって、「当店は親切丁寧な店です」と店主が自ら書いたら、嘘くさいですよね。

それを言わずに「感じて」もらうために、この店ではお客様とのやり取りや付き合い方を、お客様の声を使って紙面で再現しています。店でのお客様とのやり取りのまま、事実を載せたほうがお客様は理解しやすいです。店で当たり前のことをニュースレターでお客様に伝えるだけで、来店したくなるお客様がいます。

9　ニュースレターを出すと、予約も埋まり自動的に物販が売れていく仕組になっている美容室

香川県の美容室「トモ美容室」では、毎月のニュースレターで商品教育を徹底しています。1人で運営している美容室ですから、普段は施術で手一杯ですが、お客様が自発的に化粧品やシャンプー、冷え取りグッズなどを購入してくれます。

ニュースレターを出すと、カットパーマの予約も入りますが、自動的に物が売れていく仕組みになっています。

美容室は、予約が入るだけで売上確定の業種ですから、物販が苦手なスタッフが多いといわれます。技術が売上に変わる業種では、物を売り込むこと自体の必要性が低いと思われているので、ついおざなりにされてしまう物販ですが、ここが自動的に売上に変わっていくとしたらどうでしょう。最小の人員で、最大の顧客単価が実現します。

物販専門店でも提案して売るセールスノウハウは貴重とされます。そんな中で、トモ美容室では、１人で施術しています。営業日は予約で埋まり、お客様に直接的に商品を説明して売り込む時間はありませんから、営業時間外にニュースレターを書きます。

インターネットで無料だけど間違った情報が多い中、お客様に正しいことを伝えたいと、取扱いメーカーの研究室にまで質問をして、自分で調べ集めるからこそ通り一遍ではない情報が書かれたニュースレターとなっています。

ニュースレターの本編は、休日に行ったコンサートで涙した話や、地元の美味しいランチの店を探検する体験談、美味しいお取り寄せのお菓子の感想、商品につながるエピソードなどがぎっしり６ページにわたり展開されます。そしてエピソードで触れた商品を紹介する別紙も忘れていません。

メーカーのパンフやチラシは入れません。メーカー作のものは綺麗ですが、イメージ優先で伝えたいことが伝わりません。発行部数が、もうすぐ１５０号になります。

続けることで、お客様が「トモ通信」が届いたから予約しなくちゃと思い、読むと次回お店にいったら新商品を試してみよう、などと自ら予定をたててくれるようになりました。

【図表59　トモ通心】

料金後納
郵便
ゆうメール

トモ通心

vol. 142
'17 .7

発行
〒[redacted]-[redacted]
[redacted]県[redacted]市[redacted]町[redacted]-[redacted]
ヘア&フェイス トモ美容室

行ってきました～♪

6月の初めに仕事で東京の町田に行ってきました
仕事は翌日の朝からだったので、前日に東京入りしました
"東京"っていっても町田は神奈川に限りなく近いんです
そこで、神奈川にいる高校の同級生と会うことにしました
彼女は、平日仕事をしているので、夕方待ち合わせをしようということになりました
事前に「智美、どっか行きたい所ある?」と聞かれたので
昨年、放送されて今も大好きなドラマ「逃げるは恥だが役に立つ」のロケが横浜で行われていた!と思って、「そこに行きたい!」とお願いしました
当日、"桜木町"駅で待ち合わせました
桜木町駅は、みなとみらいに直結しているので、「ランドマークタワー

【図表60　イベントお誘い】

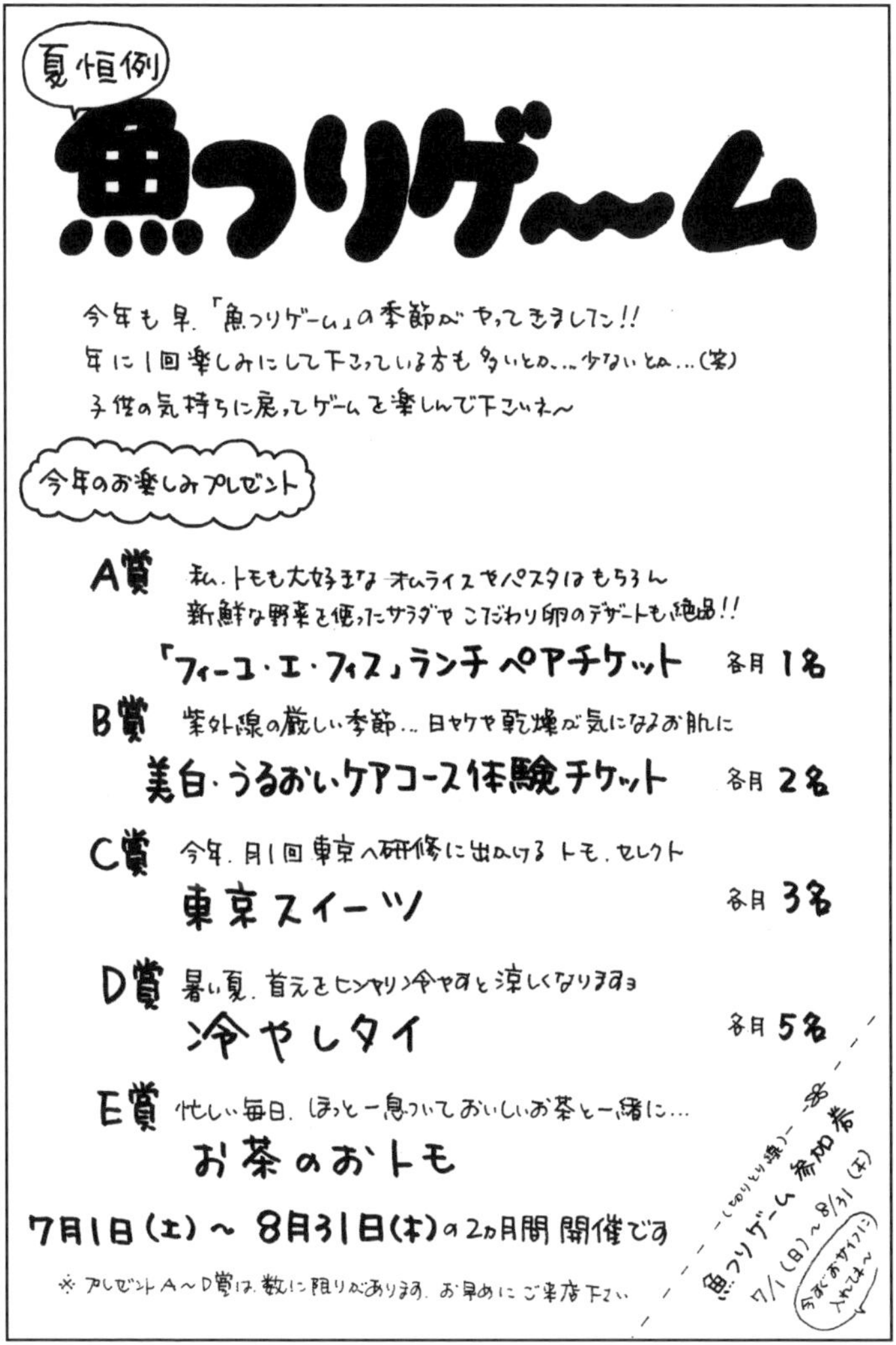

夏恒例
魚つりゲ〜ム
今年も早、「魚つりゲーム」の季節がやってきました!!
年に1回楽しみにして下さっている方も多いとか…少ないとか…(笑)
子供の気持ちに戻ってゲームを楽しんで下さいネ〜
今年のお楽しみプレゼント
A賞 私、トモも大好きなオムライスやパスタはもちろん
新鮮な野菜を使ったサラダや こだわり卵のデザートも絶品!!
「フィーユ・エ・フィス」ランチペアチケット 各月1名
B賞 紫外線の厳しい季節…日ヤケや乾燥が気になるお肌に
美白・うるおいケアコース体験チケット 各月2名
C賞 今年、月1回東京へ研修に出かけるトモ、セレクト
東京スイーツ 各月3名
D賞 暑い夏、首元をヒンヤリ冷やすと涼しくなりますョ
冷やしタイ 各月5名
E賞 忙しい毎日、ほっと一息ついておいしいお茶と一緒に…
お茶のおトモ
7月1日(土)〜8月31日(木)の2ヵ月間開催です
※プレゼントA〜D賞は、数に限りがあります。お早めにご来店下さい
(きりとり線)
魚つりゲーム参加券
7/1(日)〜8/31(木)
今すぐおサイフに入れてね〜

店側が新しくニュースレターを始め、現在のダイレクトメールの内容を変えるときは、お店側も慣れていませんが、お客様も慣れていません。だから、1回、2回程度で、思ったほど反応がない…など落ち込んではいけません。

お客様は新しいことになじむには最低3回は様子を見ます。

本書で紹介したコツを押さえながら、3回続けてください。お客様は3回続けば、これは信用してもいいと感じ、だんだんと反応してくれるようになります。

トモ美容室では、一回伝えて思ったより反応が少なくても簡単にあきらめません。

1人でも反応があったら、そのお客様に「このニュースレターの内容で、特にどこが気になって購入してくださったのですか？」とインタビューをします。そして、応えてくれた内容を再びニュースレターで伝えることを繰り返します。

こうして数回続けることで、ある日お客様から突然の注文が入ります。「お手紙のアレ、欲しいです」そして「どうしてもっと早く教えてくれなかったの」と言われます。その度に店主さんは「お客様は、自分の都合にあったときに買うから、あきらめないで伝えることは大事」と再確認します。

美容室ですから、予約をもらえれば必ず売上になりますが、多くの店はリピート来店が少なくて悩んでいます。割引より効果的なのが「店頭イベント」です。魚釣りゲームをするだけの素朴なイベントでも、店主が自分のために一喜一憂してくれるから、お客様は店主のファンになります。

毎年同じ時期にニュースレターで知らせることで、安定した売上につながっています。

第7章　「ニュースレター」作成&送り方　Q&A

Q1　手書きとPC作成とどちらがいいですか

ニュースレターは手書きがいいのか、PCで作成するほうがいいのか、よく聞かれます。

答えは「どちらでもいい」です。人によって好みが違うので、正解はありません。一番大事なことは、あなたがすぐに書けるほうで作成すること。つまり、自分が得意なほうでつくればいいということです。

人によって「好き」という範囲は、「とても大好き」から「まぁまぁ好き」までさまざまですが、どの範囲でもあなたのことを「好き」と思ってくれる人がお客様として残っています。あなたのことやあなたが書いたニュースレターが嫌いな人は、離脱していきます。

だから、ニュースレターは手書きでもPCでもいいので、下手でも自分でつくりましょう。

「下手だからプロに頼もう」と、プロのデザイナーなどに頼むと、それはあなたのニュースレターではなくなってしまいます。

また、「ニュースレターのおかげでうまくいきました！」という人のニュースレターをそのままマネしても、あなたの店ではうまくいきません。なぜなら、お客様がニュースレターで想像することと、あなたの店が違うからです。

人は、自分が想像した店と実際に見た店が違えば「なんだ、違うのか」と違和感を覚えるので、二度とその店には行きません。ニュースレターを出しているということは、お客様は少なくとも一度は来店してくれてはいますが、まだあなたのことをよく知らない状態です。

ニュースレターを読んで「あの店にもう一度行こう」と思っても、その内容から想像することと、実際に会ったあなた自身が違っていれば、違和感で来店しなくなります。

あなたが書くニュースレターだからこそ、あなたらしさが生れ、あなたのファン客をつくり出します。

Q2 ニュースレターのお断りが来たときは凹みます

500人にニュースレターを出して、そのうちの1人からお断りの連絡が来ると、多くの店では「ニュースレターをやめよう」と思います。でも、よく考えてください。500人のうち、断られたのはたったの1人で、499人は「引き続き送ってください」と言っています。だから、凹む必要は全くありません。

人は、自分が一生懸命にやったことを断られると、勝手に「否定された」と思います。でも、否定されたのでも、あなたが嫌いと言っているわけでもなく、「ニュースレターは要りません」と言われただけです。だから、お断りの連絡をくれた人には「ご連絡ありがとうございました」とさわやかに受け、その人にかける経費の分、別の人へニュースレターを送りましょう。

この気持ちの持ち方が大事です。

また、お断りの連絡が来たということは、あなたが書いたことが相手に伝わっているからです。書いたことがよく伝わっているので、その人は「これは自分には必要ない」とわかってくれたのです。不思議なことですが、ニュースレターを断られる件数が多い号ほど、ニュースレターによる売上も多いのです。それは、内容がよく伝わった証です。

人は、何かを読んだりしたときに「あ、これはいいな」と思うポジティブな感情を持つこともあれば、「う〜ん、これは私には合わないかも」と思うネガティブな感情を持つこともあります。

そして、ネガティブな感情は早く解消したいので、断るときは素早く行動します。でも、ポジティブな感情のときは自分が心地いいので、急ぎません。だから、良い反応は後からジワジワと来るのです。一番よくないのは、ニュースレターを送ったのに、お客様から何の反応もないこと。お断りもなければ、売上も上がらない。それは内容が伝わっていないからです。

そういう場合は、伝える商品を絞り込む、キャッチコピーを大きくするなど、伝わりやすく見直すといいですよ。

Q3　開封してもらう工夫は何かありますか

封筒でも、透明なものと紙製の不透明なものがあります。透明封筒は中身が見えるので、開ける前から内容の一部を読むことができます。その部分がおもしろそうなら、封筒を開けて読んでもらえる可能性が高くなります。ですから、表から見える部分に何を書くかを計算して決めましょう。例えば、毎回ランチ情報が人気であれば、そのコーナーを表から見える部分にくるように書いたり折ったりすればいいですね。

紙封筒は中身が見えないので、「何が入っているのだろう？」という開封する楽しみを演出することができます。期待感を持たせたいときは紙封筒を使いましょう。

新商品のサンプルをいれて封筒に厚みをもたせる、音の出る小さな物をいれるなども、年に1～2回なら効果的でしょう。人は慣れてしまう生き物ですから、毎回では効果は低くなりますから、加減をしましょう。

また、透明封筒と違って、紙封筒には情報を書くことができます。

「封筒に書いてあることに興味を持ったら、中を開けて読んでね」という方法もあります。

封筒にドキドキするようなことを書いて開封させるテクニックや、封筒でクイズを出題して中身で回答するということもできます。

さまざまな方法がありますが、毎回同じではお客様が飽きるので、ベストな方法はありません。

自分のアイデアには限りがありますから、外に出て、自分もあちこちの店舗などで名簿を残してきて、自分の所に何が届くのか体験することをおすすめします。

通信販売会社に登録して、送られてくるカタログやDMも参考になります。アイデアのためには、積極的に情報を取りにいきましょう。

Q4　ニュースレターにはタブーがありますか

ニュースレターは、人柄を出してお客様と仲良くしましょうというツールです。だから、多少でもムリがきかない業種は、ニュースレターには不向きです。

例えば、役所や銀行など、人間関係をつくっても「当方のルールですから」と言うしかない業種では、ニュースレターで仲良くなっても、いざというときに「なんだ、いい人ぶりやがって！」とお客様の逆鱗に触れてしまい逆効果になります。

お客様にえこひいきできない業種は、ニュースレターをやっても意味がありません。

店の趣旨としてえこひいきはしない、ルールが多い、ルールを曲げないというような店は、ニュースレターをやるべきではありません。ニュースレターは、融通のきく店に向いています。

Q5　商品以外のことを書いても怒られませんか

商品というのは、いきなり目の前に出現したわけではなく、つくろうと思い立った人、設計した人、つくった人、運んだ人など、多くの人が関わっています。商品というモノは見えても、モノの後ろにあるこのようなことは見えないので、言葉にして伝えましょう。

それができるのは、商売人だけです。

商品に関するコト情報を感情たっぷりに伝えると、共感性が高く、コミュニケーションの上手な人が来店するので、接客がラクになります。

また、こうしたお客様は好奇心も強く、あなたの話を喜んで聞いてくれます。これが店にファンができるということです。

例えば、事例に登場した川村ふとん店（70ページ参照）では「布団屋なんて、もうダメだと思っていました」というニュースレターを書きました。

一時は本当に業績が悪化して、奥様と２人で店をアジア雑貨の店に改装したのですが、さらに売上は減少しました。そこでもう一度、布団店に戻したのです。店主は睡眠について改めて勉強を始め、安売りではなく、１人ひとりのお客様とじっくり関わろうと思ったことなど、ニュースレターに熱い思いを書きました。

すると、これを読んだお客様がたくさんやってきました。このニュースレターには「世の中の布団屋さんがどんどん閉店していく中で、私たち家族がこうして生活できているのも、皆さんの応援のおかげです」とあります。

商品以外のことをニュースレターに書いたら、店にファンができたという、わかりやすい例ですね。

Q6 毎回書くことが思いつきません。ネタ探しのコツはありますか

ニュースレターのネタをつくるためだからと、毎回おいしいランチの店を探すのも大変です。だから、お客様との会話やエピソードを、ニュースレターのネタとしてストックしておくことをおすすめします。接客時は毎日のことなので、会話の記録など忘れてしまいがちですが、メモやノートなどに必ず記録しておきましょう。お客様は素人なので、店員が当たり前と思っていることに驚きがあります。お客様にとってはおもしろかったり、感心したりする内容もあります。こうしたときの、お客様の一言がネタになることは多いです。

例えば、眼鏡店の場合です。

眼鏡のフレームは、左右どちらのつる（テンプルといいます）からたためばいいのか知っていますか。答えは、「左のつるからたたむ」です。

試しに、眼鏡を右のつるからたたんでテーブルなどの上に置いてみてください。不安定なことがわかります。左からたたむと、安定するのがわかります。眼鏡のフレームには、このような決まりがあります。

業界では当たり前でも一般人は知らない小さなトリビアも、ニュースレターのネタになります。しかも、お客様からのウケもいいです。

ただし、専門知識を知っているからといって上から目線になるのではなく、あくまでも出来事やエピソードとして載せてください。するとお客様は、親近感を持ちつつも「この人は専門家だ」と理解してくれます。

お客様は素人です。素人は、自分が理解できる言葉で専門的な内容を話してもらうと「この人は専門家だ」と納得します。専門家が難しい言葉で話すと、素人には理解できないので、お客様にとっては専門家というよりも「なんだかよくわからない人」になってしまいます。よくわからない人のところには、相談に行きません。お客様が理解できる簡単な言葉で伝えましょう。

最高のニュースレターネタは、店頭で店主がお客様に説明したときに、お客様が驚いたり感心したり喜んだりしたことです。これを紙面で再現してみましょう。

Q7　記事を買っている人もいるようですが効果はありますか

販売されている記事を買ってあなたのニュースレターに載せても、効果はありません。なぜ効果がないのか？　それは、記事を書いた人の「感情」が書かれていないからです。

人は、感情を動かされなければ行動を起こしませんが、販売されている記事は、誰もが使いまわしできるように感情が抜かれています。

販売されている記事は、例えば「料理レシピ」「掃除ノウハウ」「片付け上手が教えるコツ」などで、ニュースレターを出すお店の業種や業態にはあまり関係がありません。

これは、ニュースレター神話の1つとして、なぜか「ニュースレターは女性向けに書くべき」といわれているからです。

だから販売されている記事は、料理や掃除、占いやおしゃれなどに関するものが多く、記事を購入する人は男性が多いです。もしくは、建設業などのように、男性が社長や代表を務めている会社や店に多いです。おそらく、記事を書くのが面倒なのだと思いますが、それでは個人的なことは書けませんよね。

お客様に行動してもらうには、あなたの感情を伝えることが必要です。

人は、他人の感情を知ると心が動き、共感した場合にだけ、来店や問合せという行動を起こします。あなたが自分の思いを素直に伝えることによって「こういう考えっていいな」と共感してくれる人が、来店して購入してくれるのです。

下手でもいいので、あなたの思いを書きましょう。

それでも、もう記事を買ってしまった…という人もいるかもしれませんね。

そんなときは、その記事どおりに自分もやってみて、その感想を載せましょう。

料理記事をのせて、その料理を自分でつくってみた報告と感想を書くのです。「今月のやってみた」というコーナーができあがります。

Ｑ８　ニュースレターとネットの使い分けはどうしたらいいですか

ニュースレターやチラシなどの紙媒体が得意なことは、ネットへの誘導です。紙媒体は検索しなくとも見る人に届きますが、ネットは見る人が自分で検索するものです。

そして、紙媒体は紙面が限られているので、お客様が興味あるものだけを少し載せるのがポイントです。もっと伝えたいことがあるのなら、ブログやホームページに書いておいて、紙媒体から誘導しましょう。

ネットが得意なことは、情報量に制限がないことです。自店のホームページなどでは、好きなことを好きなだけ掲載することができますよね。読む人も、ニュースレターの情報で十分と思う人もいますし、もっと知りたい人はネットの情報を見に行けばいいわけです。

ネットは、消してしまうとなかったことになるので、忘れられるのも早いです。

紙媒体は、見なくとも存在していると人の脳は理解しています。記憶に残りやすく、存在感があるのは紙媒体なのです。ネットと紙媒体の違いを食べ物に例えると、大きいけれど口の中でスッと溶けて、すぐに味を忘れてしまうものと、小さいけれど噛みごたえがあって、ずっと味を忘れないもののような違いがあります。

ちなみに、ニュースレターのネタ集めのために、ブログやＳＮＳを使う人は多いです。ブログや

ＳＮＳをやっていれば、ニュースレターを書くときにネタを拾い直すことができます。リライトしてもいいし、ブログやＳＮＳの内容をそのまま書いても大丈夫です。人は、他人に起こった出来事をそんなに細かく覚えてはいませんから、ニュースレターに再利用しても全く問題ありません。

ニュースレターを書く度にネタを一から考えるのは大変なので、ネタ帳としてブログやＳＮＳを活用するといいでしょう。

Ｑ９　ニュースレターに掛ける経費の適正はどのくらいですか

ニュースレター経費で一番多くかかるのが配達費用です。

郵便、運送会社のダイレクトメール配送サービス、顧客回りをかねて手配り、などを使い分けている店舗がほとんどです。ニュースレターは作成と配達で、平均的に一通２００円前後かかります。

例えば一通２００円としても、３００人に出したら6万円、５００人に出したら10万円かかります。商売における経費とは、売上から出すものではなく、経費を先に掛けたから売上になるものです。家計費の給料のように収入が先に固定されていれば、給料の何％を宣伝経費に使うと決められますが、商売の売上は決まっておらず毎日フタを開けてみないとわからないものです。それでもニュースレターを続けている店主さんたちは「これのおかげで、お客様のリピートが確実にあるからやめるのは怖い」と言われます。ニュースレターを出すことで、お客様が自発的に来店購入してくれるのですから、使いこなしている店はかけた経緯以上のものを手にしています。

こうした店でも最初は経費を使う不安がありました。この不安をどう乗り越えたかという、いくつかのパターンがあるので紹介します。
・毎回必ず出し続けられる経費金額を決めた。名簿数上限が毎回固定されるので、常連客と新規客には毎回出す。残りの数は、紹介した商品ターゲットになりそうな顧客にだす。
・1人に年12回出すと、お客様一人単位のニュースレター経費は年間２４００円です。お客様に年に1回、２４００円以上の買物をしてもらえるように、案内する商材を工夫する。
・1か月に1回発行するとしたら、1日３０００円ほどの販促経費がかかる販売促進物となります。ニュースレターを送付しているお客様から、日額３０００円以上売上があれば効果はあると考える。
・毎回、かかった経費以上に高額な商品を1つ紹介する。1個売れたら一瞬で経費回収が終わる瞬間をつくる。そのために、紹介する商品は、高額なものと買いやすい安価なものを組み合わせる。
ニュースレターは未来の種をまく販促です。期日限定で割引商品を売る販促とは真逆になります。

毎日の売上は、過去に自分が行った販促によってもたらされます。未来のお客様に向かって、何も働きかけをしなかったら、未来の自分が困ります。ニュースレターの反応は、お客様の元に届いて今日かもしれない、明日かもしれないし、来年かもしれません。お客様は、購入までの時間を、ニュースレターを通して楽しみに変えてくれるから「この店とつきあいたい」と思います。

ニュースレター経費は、未来の売上をつくり出す種まき経費なのです。

著者略歴

山田　文美（やまだ　あやみ）

地域商店コンサルタント　/　宝石眼鏡店経営　/ 株式会社ごえん
飛騨高山生まれ、岐阜県中津川市在住。
結婚により嫁ぎ先の家業を継ぐ。経験も資金もないなか手書きでニュースレターを始める。顧客名簿650名までは宛名も手書きしていた。
現在は毎月1000名を上限としてニュースレターを発行して、お客様に自分の分身を届けている。対面で物を売り込むことが苦手で、電話は死ぬほど嫌いだからこそ、手紙でお客様側から自発的に「これ欲しい」と言ってもらえるニュースレターの工夫を重ねる。地域客を顧客とし、店主も地域に暮らし、ながく商売を営むための手法をコンサルティングしている。本書はその体験と、同じ工夫を実践してくれている全国50業種以上の仲間たちによる結果につながっている実例を公開したもの。
趣味：10歳から続けているニュースレター発行とチラシ収集
ホームページ：https://goen5.com

自店のファンを10倍ふやす
「ニュースレター」の書き方・送り方

2017年11月17日　初版発行　　2022年10月5日　第3刷発行

著　者　山田　文美　©Ayami Yamada

発行人　森　　忠順

発行所　株式会社 セルバ出版
〒113-0034
東京都文京区湯島1丁目12番6号 高関ビル5B
☎ 03（5812）1178　　FAX 03（5812）1188
https://seluba.co.jp/

発　売　株式会社 創英社／三省堂書店
〒101-0051
東京都千代田区神田神保町1丁目1番地
☎ 03（3291）2295　　FAX 03（3292）7687

印刷・製本　株式会社 丸井工文社

ISBN978-4-86367-377-9